CHIMERA STUDIO

THANKS BOOKS
STORE + STUDIO

heydey

heydey : design group
making unique experiences

we make unique experiences
by emotional idea, creative sight,
and logical process.
we make your everyday heydey.

HEYDEY, Inc.
324-12 Sangsudong Mapogu Seoul. KOREA
tel 82.02.325.7193 / fax 82.2.334.5517
www.byheydey.com

GENTLE MONSTER
experiment

www.gentlemonster.com

c촌c촌
a nd
m anagement
C ompany

밴드 강산에
골든팝스
눈뜨고코베인
레스카
미미시스터즈
불나방스타쏘세지클럽
브로콜리너마저
생각의 여름
수리수리마하수리
술탄오브더디스코
아마도이자람밴드
아침
옥수동왕순대
장기하와얼굴들
청년실*
코스모*

Planning&Management Team
Manager
Hyun-Jung Park

seoul

Seoul F&B Co.,Ltd.
662-1, Chowon-ri, Gonggo...
Hongseong-gun, Gongne...
Tel. 82-33-345-...
Fax. 82-33-345-...
Mobile.
E-mail.

yooju-salon.net

Adam'Space

DONGWOON

Sales Division
Assistant Manager
Jang-Bin Sa

Dongwoon Anatech Co., Ltd.
9F Arirang Tower, 1467-80, Seocho-3Dong,
Seocho-Gu, Seoul, Korea (ZIP.137-868)
Dir : 3465-8784 Tel : 82-2-3465-8765
Fax : 82-2-3465-8766
Mobile :
E-mail : sajb20@dwanatech.com

www.dwanatech.com

Brand Story by
somo

http://blog.naver.com/somo_book

somo

Pen Generations

Pen Generations, Inc.
8th Fl., SOLID Space, 673 Sampyeong-dong,
Bundang-gu, Seongnam-si, Gyeonggi-do,
South Korea 463-400

eol Moon

O : +82.31.600.0822
M :
F : +82.31.600.0801
E-mail : hkmoon@pengenerations.com

W Engineer
earch Center

*D

Jeongheon, Kim
Strategic Planning   CSO

jeongheonkim@delight.co.kr

3F National Health Insurance Corporation Bldg.
248, Dangsan-dong 6-ga, Yeongdeungpo-gu,
Seoul, 150-800, Korea
Tel. +82-2-6334-0029 Fax. +82-2-2679-1842

김정래 그래서
전민진 혹은
그럼에도 불구하고

나는 작은 회사에 다닌다

남해의봄날

prologue
스물아홉, 서른이 만난
13인의 작은 회사 이야기

작은 브랜드 스토리텔링 회사에서 전민진과 김정래는 2년이 조금 넘는 시간을 함께했다. 일하고 때론 놀며, 밤을 지새는 시간이 늘어갈수록 서로에 대한 정도 쌓이고 인생에 대한 고민도 쌓여갔다.

기획자로 일했던 우리는 때때로 카페에 멍하니 앉아 우리만의 프로젝트를 기획해 즐겁게 일하고 싶다며 입을 모으곤 했다. 당시 이런저런 이야기가 오갔지만 회사를 다니는 동안은 아무것도 하지 못했고, 서로 다른 시기에 회사를 그만두고는 각자의 마음을 따라 잠시 일상을 떠나기도 했다.

여행을 끝내고 다시 현실로 돌아온 우리에게 이 책은 모종의 해결책이었다. 우리 또래, 비슷한 사람들을 찾아 이야기를 듣고 고민을 나누며 '앞으로 어떻게 살아가야 하나'에 대한 답을 찾고 싶었다.

전민진
이야기

방황에 끝이 있을까

솔직히 나는 평생 일하고 싶지 않은 것인지도 모른다. 스물아홉의 지금. 한창 열심히 일하며 경력을 쌓을 나이. 하지만 나는 경력이 아니라 내가 나로서 살아갈 수 있는 재미를 쌓고 싶다.

회사라는 곳에 처음 입사한 건 스물다섯의 겨울이었다. 취업난이 심각하다기에 대학에 다니는 동안 일 년 휴학을 했는데 결국 졸업 후에도 여덟 달을 놀았다. 그동안 나는 일이라는 걸 얼마나 하고 싶어했는지 모른다. 그런데 대체 어느 곳에 취직을 해야 하는 건지 도무지 감이 잡히지 않았다. 많은 이들이 알고 있는 기업에 원서를 보내고 자기소개서를 쓰면서도 '이렇게 하는 게 맞는 건가, 잘하고 있는 건가' 하는 생각이 멈추지를 않았다.
누군가의 조언을 듣고 싶었다. 하지만 취업 사이트에 올라오는 입사 성공기는 모두 대기업에 입사한 사람들의 이야기뿐이었고 함께 취업을 준비하는 친구들과 대화를 해봐도 서로의 얼굴에 물음표를 그리며 그저 같은 말을 반복할 뿐이었다.
"하고 싶은 일을 하며 돈 벌고 싶다."
무엇이 진짜 하고 싶은 일이고, 어디에 가면 그 일을 할 수 있는지도 모르는 채 말이다.

그러다 우연히 나의 첫 회사를 만났다. 마치 운명 같았고 아직도 그렇게 생각하고 있다. 그 회사의 채용 공고를 발견한 날, 원서를 쓰던 일, 면접에서 한 대화를 아직도 생생히 기억한다. 내 면접 시간이 오길 기다리며 메모장 한편에 '이렇게 따뜻한 곳에서 꼭 일하고 싶다'라고 적었던 것도. 그 바람은 결국 이뤄졌지만 한 가지를 이루고 나니 또 다른 고민이 찾아왔기에 3년에 가까운 시간을 정신없이 일하고는 결국 회사를 그만두었다.

그리고 나니 참 이상하게도 나는 대학을 갓 졸업하고 취업준비생으로 살아가던 시절에 했던 고민을 다시 하고 있다. 아니, 그보다 더 심할지도 모른다. 아마 일하는 것의 고됨까지 알아버렸기 때문인 것 같다. 하지만 내가 나로서 존재하기 위해, 또 먹고 살아가기 위해, 일하는 것을 도무지 피할 수는 없다는 것이 지금 내가 더 괴로운 이유다.

3년 가까운 시간 동안 같은 회사에 다니며 비슷한 고민을 했던 우리는 그래서 작은 회사에서 자신만의 재미를 찾아 일하는 사람들을 만나고 싶었다. 큰 기업에 가는 것, 누구에게나 인정받는 직업을 갖는 것을 정답이라고 얘기하는 사회에 의문을 던지는 사람들, 그리고 나름의 방법을 찾아 스스로 즐겁게 살기 위한 길을 가는 사람들. 어찌 보면 그렇게 나와 닮은 사람들을 찾아 함께 이야기 나누고 싶었다.
사실 이들의 이야기를 들어도 누군가의 방황은 쉽게 끝나지 않을 것이다. 하지만 좀 다른 길을 가는 것, 이제 막 어른이 되어 사회에 나와 일하는 인간으로 살아가는 것에 대해 작은 공감이라도 할 수 있다면 성공이라 생각한다.

이 책에는 대한민국, 작은 회사에서 일하며 살아가는 13인의 솔직한 고민이 담겨있다. 모두 아프니까 청춘이지만 결코 나약하지 않은 그 나이 또래의 사람들이다. 밤낮으로 직업을 찾아 헤매고, 뭔가 다른 길을 찾아 보겠다며 국내외에서 방황하는 모든 사람들에게 이 책이 좋은 친구가 되었으면 좋겠다.

김정래
이야기

끊임없이 물음표를
던지고 있는 당신에게

끝과 시작이 부단히 씨름하는 순간이자
이별과 만남이 공존하는 계절, 봄.

떠나 보냄에 가슴 한 켠이 아리지만
새롭게 돋아나는 여린 잎을 보며 설레고 마는
푸른 봄, 청춘.

나는, 그리고 당신은 아직 청춘이다.
그래서 우리는 아직 방황한다.
사라져가는 모든 것들과
이리 오라 손짓하는 무수한 것들 속에서.

2년 전쯤 적었던 나의 자작시 '청춘'이다. 부끄럽지만 이 시를 기억 속에서 끄집어낸 이유는 청춘을 조금 넘긴 듯한 지금도 여전히 난 방황하고 있기 때문이다. 그때랑 똑같이, 진짜 나와 진짜 나의 일을 찾기 위해서.
글을 통해 세상을 조금 더 따뜻하게 하고 싶다는 오랜 꿈을 지키며, 진짜 나의 일을 찾아가는 길이 생각보다 험난하다. 진짜 나의 일이라는 게 애초부터 세상에 존재하지 않는 것처럼 쉽게 찾아지지 않는 데다, 시간의 흐름에 따라 내가 잘할 수 있는 것과 내가 하고 싶은 것조차 끊임없이 변화하니. 다만 변하지 않는 것은 있다. '내가 서 있는 자리'를 '내 자리'로 만드는 물음표와 답이 내 안에 있어야 한다는 생각.

스스로를 향한 물음표가 늘어날수록 다른 이들의 물음표와 답은 무엇인지 궁금했다. 기왕이면 무난히 짐작할 만한 물음표와 답이 아닌 조금 특별한, 자신만의 물음표와 답을 지닌 이들의 생각을 듣고 싶었다. 그래서 작은 회사에 다니는 이들을 만났고, 그들의 이야기를 들었다.
사실 처음엔 두려웠고 망설여졌다. 그들의 이야기와 함께 나의 속내를, 그간의 삶을 솔직히 적어 내려가기가. 그런데 한 명 한 명을 만나 솔직한 이야기를 들으며 공감하고 용기를 얻었던 나의 마음이, 나의 이야기 역시 누군가에게 그런 용기를 줄 수 있을지 모른다는 믿음을 갖게 했다. 그래서 가능한 솔직히, 친한 친구에게 털어놓듯 쓰려고 노력했다. 그 진심만은 고스란히 전해졌으면 좋겠다.

하지만 이 책이 모든 물음표에 대한 결론적인 해답으로 받아들여지지 않길 바란다. 따지고 들어도 좋고, 어떤 부분은 그냥 무시해도 좋고, 또 어떤 부분에선 고개를 끄덕여도 좋고, 혹은 잠깐 멈춰 곰곰이 스스로의 생각과 비교해 봐도 좋을 그런 평범한 사람들의 고민이자 이야기일 뿐이니.

다만 우리들의 이야기가 나처럼 보다 나다운, 진짜 나를 찾기 위해 끊임없이 물음표를 던지고 있는 누군가를 찾아가 함께 고민하는 시간이 되어주면 좋겠다. 응원과 격려가 되어준다면 더할 나위 없이 기쁘겠다.

고맙고 부러워라,
즐겁고도 당당한 청춘!

작은 회사에서는 일의 영역과 생존의 영역 간의 거리가 무척 가깝다. 혹자는 그걸 불안정이라고 부른다. 나는 애써 도전이라고 말한다. 도전은 당연히 불안하고 힘겹다. 심지어 실패할 가능성도 높다. 일 년 후 계획 따위는 세울 수도 없다. 일주일 후에 무슨 일이 벌어질지도 모르니까 말이다. 작은 회사에서의 삶은 마치 징그러운 장어 같다. 그러니까 굳이 도전 혹은 불안정의 세계를 기웃거리지 않아도 된다. 그냥 세상이 이끄는 대로 사는 게 좋다. 안정적인 삶이란 너무도 아름답지 않은가!
그러니, 장어는 우리끼리만 먹어도 되겠죠?

오기사 오영욱 (건축가 겸 여행 작가, oddaa 소장)

회사는 크건 작건 다 같을 거라 생각했다. 그런데 이 책을 보면서 이처럼 독특하고 창의적인 작은 회사들이 우리 사회에 존재한다는 것이 참으로 놀라웠다. 돌이켜 보건대 나의 회사생활은 O같은 사장과 OO같은 갑질에 질려 사표를 내던가 아니면 배울 것도 많고 분위기도 좋은 회사지만 월급을 못 받아 그만두는 일의 반복이었다. 굳이 좋은 점을 찾자면 회사가 없어지는 일이 잦아 여행 갈 기회가 많았다 정도.
결코 작다고 할 수 없는, 큰 사람들이 함께하는 회사를 주저 없이 선택한 청년들이 부럽다. 작지만 내실 있고 비전도 있고 인간적인 회사들이 많아질 수 있도록 이번 대선엔 투표를 더 잘 해야겠다는 생각이 들만큼 그들의 선택을 응원하고 지지한다.

조윤석 (문화콘텐츠 기획자, 동대문 봄장 대표)

성공이란 무엇일까? 나는 '행복'이라고 생각한다. 자기가 좋아하는 일을 하면서 행복한 사람이 성공한 사람이다. 일의 중요성을 잘 알면서도 우리는 여전히 직업이 아니라 직장을 먼저 따진다. "저는 영업맨입니다" "기획일을 합니다"라고 말하기보다 "삼성에 다닙니다" "저는 현대 다닙니다"라고 말하고 싶어 한다.

직장은 유니폼일 뿐이다. 그 유니폼을 벗어도 나 자신으로 살아갈 수 있을까? 진정 자기 이름으로 살아가려면, 일 안에서 행복하려면 남의 눈에 맞춘 직장이 아니라 내 안의 목소리가 원하는 '직업'을 고르자. 회사가 작다고? 내 꿈으로 키우자. 아니, 내가 회사를, 직업을 만들 수도 있다. 이 책은 행복이란 이처럼 작은 것에서 시작할 때 더 풍성해진다는 것을 보여주는 건강한 책이다.

구본준 (한겨레신문 기자)

contents

prologue

003 스물아홉, 서른이 만난 13인의 작은 회사 이야기
방황에 끝이 있을까 _ 전민진
끊임없이 물음표를 던지고 있는 당신에게 _ 김정래

chapter 1
나는 자유롭고 싶다

020 **01.** 내겐 일하는 게 곧 자유
붕가붕가레코드 공연 기획/매니지먼트 팀장 **김설화**
tip) 공연 기획을 직접 체험해 보고 싶다면? 음악 축제로 가자!

042 **02.** 진정한 자유란 하고 싶은 일을 한다는 것
소모 출판 마케터 **엄지현**, 기획 편집자 **임보연**
tip) 책 만들고 싶은 사람이 읽어보면 좋을 책

chapter 2
나는 출근하는 아티스트다

064 **03.** 작다는 말보다 '깊은'이라는 말로
젠틀몬스터 그래픽/안경 디자이너 **우빛나**
tip) 안경에 대해 배울 수 있는 곳, 어디에 있을까?

088 **04.** 나의 마음이 향하는 곳, 상상력이 시작되는 지점
헤이데이 디자인 사업부 팀장, 브랜드 사업부 부장 **최준연**
tip) 감탄하게 하는 가구, 영감을 주는 가구

chapter 3
나는 회사와 함께 자란다

112 **05.** 나를 성장하게 하는 것, 의리와 믿음
키메라스튜디오 포토그래퍼 **박진주**
tip) 사진에는 어떤 분야가 있을까?

134 **06.** 봄과 여름의 경계, 그 어디쯤에서
서울F&B 기획관리부 과장 **박현정**
tip) 요구르트는 어떻게 만들까?

chapter 4
나는 조금 다른 길을 간다

158 **07.** 매일매일 다름을 만나며 내 색을 찾는 길
동네서점 땡스북스 점장, 스튜디오 실장 **김욱**
tip) 김욱의 롤모델 디자이너 & 참고 스토어 알아보기

182 **08.** 꼭 맞는 길, 진정한 재미를 찾아서
동운아나텍 영업본부 대리 **사장빈**
tip) 그를 진짜 내 사람으로 만드는 비법

chapter 5
나는 나눔의 힘을 믿는다

206 **09.** 나의 에너지가 만드는 나눔
유자살롱 프로젝트 매니저 **고서희**
tip) 사회적기업은 어떻게 만들어질까?

228 **10.** 내가 가는 길만 비추기보다는 누군가의 길을 비춰 준다면
딜라이트 전략기획실장 **김정헌**
tip) 우리나라에는 어떤 사회적기업이 있나

chapter 6
나는 일이 즐겁다

252 **11.** 즐거움은 자신감으로부터
펜제너레이션스 전임 연구원 **문현걸**
tip) 새로운 기술을 만나자!

276 **12.** 일의 즐거움이란 무엇일까
아담'스페이스 문화 콘텐츠 마케터 **민지영**
tip) 그 영화의 광고는 어디에서 시작됐나

epilogue

300 귀 기울이며, 오늘도 차곡차곡 젊음을 건너 _ 전민진
303 602번 버스의 왼쪽 뒷바퀴 자리에서 _ 김정래

일러두기

- 작은 회사 열두 곳에 다니는 열세 명의 사람들을 두 저자가 나눠 만났습니다. 책 속에는 두 저자의 인터뷰 내용이 번갈아 가며 나옵니다.
- 인터뷰 내용이 나오기 전 등장하는 에피소드는 인터뷰이의 이야기를 바탕으로 저자가 재구성한 것입니다.

chapter
1

나는　　자유롭고 싶다

01.   내겐 일하는 게
       곧 자유

붕가붕가레코드
김설화 팀장
(27세, 입사 3년차)

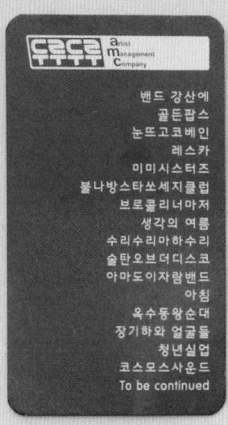 

붕가붕가레코드 BgBg Records
2004년 신림·봉천 지역 음악인들의 모임 '쑥고개청년회'에서 시작됐다. 이들은 음악인들의 생계에 관한 우려를 표명하면서 '지속 가능한 딴따라질'이라는 용어를 처음 사용했고 그중 고건혁 대표, 일명 곰사장은 2005년 붕가붕가레코드라는 독립 음반사를 탄생시키기에 이른다. '장기하와 얼굴들'의 히트로 널리 알려졌고 '아마도 이자람밴드', '눈뜨고코베인', 'achime(아침)' 등 독특한 색깔을 가진 인디 밴드들이 속해 있다. 현재는 '붕가붕가레코드', '쑥고개청년회', '두루두루amc'로 나누어 아티스트의 음반 제작기획과 공연, 수공업 음반 제작, 매니지먼트를 함께하고 있다.
www.bgbg.co.kr

김설화 공연 기획/매니지먼트 팀장
스물일곱의 나이지만 벌써 사회생활 5년차다. 일본어학과를 1년 조기 졸업하고 부모님이 주신 졸업 선물 40만 원으로 일본행 비행기 티켓을 끊어 무작정 워킹홀리데이를 떠났다. 일본에서 돌아와 유명 빵집에서 1년, 이탈리아 젤라또 만드는 일을 2년 정도 했다. 하던 일을 그만두고 지금까지와는 다른 새롭고 재미있는 일을 하고 싶다는 마음에 무작정 붕가붕가레코드에 연락했고, 흥미로운 과정을 거쳐 2010년 6월에 입사했다. 현재는 공연 기획과 매니지먼트 부문 팀장을 맡으며 회사의 거의 모든 소속 아티스트들을 관리하고 있다.

출근하지 않는
마음으로부터의 자유

**김설화의
이야기**

오전 열 시 이십 분. 홍대의 아침 거리는 한산하다.
나는 대도시의 직장인이 피해가기 힘든 복잡한
지하철과 출근길을 지난 2년간 거의 경험한 일이 없다.
다른 곳보다 늦은 열 시 반이라는 출근 시간 덕이다.

일요일이었던 어제는 사장님이 기획한 〈대만원〉
공연을 성황리에 마쳤다. 이름처럼 만 원이라는
저렴한 가격에 관객을 초대했고, 공연장도 대만원을
이뤘다. 〈대만원〉은 소속 아티스트인 눈뜨고코베인
EP앨범(Extended Play Album: 일반 앨범보다 곡 수가 적은 레코드 CD)
발매를 기념하기 위한 공연이자 붕가붕가레코드의
새로운 아티스트 '몸과마음'을 처음 소개하는
자리기도 했다.
매력적인 아티스트들이 출연하는 데다 평소보다
저렴한 가격으로 관객들을 초대하긴 했으나 이렇게
공연이 매진을 기록할 거라고는 생각하지 못했다.
언제쯤 인디 밴드들의 공연이 제대로 된 대우를 받을

수 있을까 하는 생각에 마음이 조금 쓸쓸하긴 했지만 한편으로는 나도 모르게 스멀스멀 웃음이 새어나오는 걸 어쩔 수가 없었다.

그래서 그랬던가. 아티스트들을 챙기고, 복잡한 공연장 상황을 안팎으로 정리하고, 만만치 않게 무거운 악기를 번쩍 들어 무대로 옮기는 어찌보면 고된 이 모든 일들이 문득, 진심으로 좋았다. 창작이라는 것은 아티스트의 몫이지만 나도 그 과정 속에 있다. 내가 직접 만든 음악으로 위로와 감동을 많은 사람들에게 전할 수는 없지만 아티스트와 관객이 서로 호흡할 수 있는 방법을 고민하고 기획한다. 나는 그 사이에서 함께 즐겁다.

그렇다. 나는 주말 근무를 했다는 이야기를 이렇게나 길게 썼다. 어제는 분명 일요일이었고, 성공적인 공연에 신난 공연팀 모두와 늦게까지 뒤풀이도 했다. 공연을 앞두고 며칠간 긴장 상태에 있던 우리는 기분 좋게 취했고 오가는 칭찬과 격려 속에 나의 퇴근 시간은 자꾸 늦어졌다.
몸은 고되었지만 사실 어제 내 마음은 출근하지 않았다. 처음 이 일을 시작할 때의 마음처럼 창작을 통해 세상을 이롭게 하는 사람들을 위해 그 무언가가 되고 싶다는 마음이 여전하고, 나는 그냥 지금 그 마음을 행할 뿐이다. 그러니 퇴근이라는 말은 무의미했다.

물론 내가 하는 것은 일이고 내가 좋아서 시작한 일이라는 마음보다 일은 일이구나 하며 받아들일 수밖에 없는 힘든 순간도 분명 있다. 하지만 아티스트가 밤새워 만든 따끈따끈한 음악을 듣고, 누구보다 가까이에서 그들이 사랑받는 과정을 지켜볼 때, 내 마음을 몰라줄 것 같았던 아티스트에게 '언제나 고맙다'라는 문자가 도착했을 때 느끼는 감동. 그리고 새록새록 피어나는 열정. 이 모든 것은 내가 결코 포기할 수 없는, 내가 더 만들어 가야 할 길이다.

친구들은 가끔 묻는다. 작은 회사에서 바쁘게
일하면서 많이 고되지 않느냐고. 나는 답한다. 내가
좋아하는 일을 할 때 느끼는 자유와 뿌듯함을
아느냐고. 그리고는 '자유로운 구성원 속에서 새로운
시각을 얻기도 하고 일하는 것으로부터 얻는 참
자유를 느낄 수 있는 곳이 얼마나 될까?' 하고 속으로
되묻는다. 비록 남들 시선에는 그저 작은 회사로 보일
수도 있지만 이것만은 분명하다. 그 작은 공간, 일하는
자유 속에서, 우리는 아티스트들이 자립할 수 있는
생태로의 변화를 꿈꾸며 계속해서 나아가고 있다.

열 시 반. 사무실에는 아직 아무도 없다. 자리에 앉아
오늘 할 일을 차분히 정리해 본다. 공연 요청을 해온
클럽과 대학교에 연락을 해야 한다. 커뮤니케이션
우디에서 시각장애인 아동을 돕기 위해 준비하고
있는 4회의 공연도 이제 슬슬 기획을 시작해야
한다. 사장님이 나의 성장을 위해 던져 준 거대한
과제다. 하지만 늘 옆에서 같이 걷는 사람들이 있기에
두렵지는 않다.
즐거운 월요일, 드디어 시작이다!

나는 자유롭고 싶다

전민진이
만난
김설화

자유로움, 작은 회사의
완전한 표상은 아닐지라도

'운동화에 청바지를 입고 출근할 수 있는 곳으로 간다.' 취업 준비를 시작할 무렵 잡은 막연한 목표였다. '자유로움'이라는 단어는 생각지도 못한 채, 내가 지금 좋아하는 것들을 계속해서 지킬 수 있을 만한 곳에 대한 동경을 그저 저 간단한 한 문장으로 정리하고 말았다.

그러고 나니 회사를 찾는 일이 훨씬 수월해졌다. 큰 회사보다는 작은 회사에서 청바지와 운동화를 받아들였고 자연히 내가 하고 싶은 일을 따라 가다보니 운명적으로 첫 회사를 만났다. 직급에 상관 없이 서로를 닉네임으로 부르는 인간적이고 특별한 곳이었다. 게다가 내가 가끔 이상한 행동이나 취향을 내보여도 별로 개의치 않을 정도로 자유로웠다. 덕분에 회사를 그만둔 후에도 함께했던 상사며 동료와 재밌는 삶이 무얼까 늘 같이 고민하는 친밀한 사이가 됐다.

하지만 회사를 다니던 때 나는 조금 더 자유로울 수 있었으면 하고 바랐다. 무척이나 자유로웠지만 언제부터인가 그 자유 속에서 오는 제재가 훨씬 힘들게 느껴지기 시작했다. 누군가는 배부른 소리라 했지만 내가 그렇게 느끼기 시작한 이상 어쩔 수가 없었다. 그러다 개인적으로 힘든 상황까지 더해져 결국 극복하지 못하고 2년 10개월 만에 회사를 그만두었다. 회사 사람 모두가 나를 위로해 주었고 힘을 주었지만 더 이상 함께할 수 없었다.

회사에 과연 내가 생각하는 완전한 자유가 있을까 하고 물으면 다들 타박하며 말한다.

"그냥 네가 회사를 차리는 게 빠르겠다!"

하지만 나는 그래도 어딘가 그런 곳이 있을 거라는 근거 없는 믿음을 버리지 않았고 한편으로는 오히려 큰 회사에 속하는 게 마음 편하고 좋지 않을까 하는 고민도 해봤다. 그러다가 '맞다! 붕가붕가레코드! 지속 가능한 딴따라질을 가능케 하기 위해 모인 청년들. 그리고 밴드 장기하와 얼굴들이 대히트를 치며 본의 아니게 루저 문화의 표상이 된 그들이라면 완전한 자유 속에서 서로의 마음을 다독이며 일하고 있지 않을까?' 생각하며 무릎을 탁 쳤다. 그들의 이야기를 꼭 한 번 듣고 싶었다.

어렵게 연락이 닿은 고건혁 붕가붕가레코드 대표에게 2~3년차에 같은 고민을 나눌 수 있는 친구를 추천해 달라고 다짜고짜 부탁했다. 그는 흔쾌히 "그런 친구라면 딱 생각나는 사람이 있다"며 김설화 팀장을 추천해 주었다. 붕가붕가레코드에서 2년 동안 일해온 김설화를 그렇게 처음 만났다. 그리고 나는 내가 회사 안에서 그토록 자유롭고 싶었으나 자유로울 수 없었던 이유를 한 가지 찾았다.

아티스트가 진정 아티스트로 대우받을 때까지

"지금 뷰민라(뷰티풀 민트 라이프 음악 페스티벌) 공연 마치고 그리로 가고 있어요. 늦어서 죄송합니다."

오랜만에 낯선 사람과 나누는 이야기라 그런지 긴장했는데 솔직히 잘됐다 싶었다. 게다가 일요일에 일하고 온 사람을 바로 붙잡고 이야기를 하자니 마음 한구석에 미안한 마음이 들기도 했던 터라.

홍대 이리카페에 앉아 차분히 마음을 가다듬고 그를 기다렸다. 그리고 곧 김설화로 보이는 여성이 등장했다. 아담한 키에 웃는 모습이 예뻤고 전화 통화 때의 목소리만큼이나 행동도 시원시원했다. 조금은 마음이 놓였다. 힘들 테니 숨 좀 돌리고 시작하자고 해도 들려주고 싶은 이야기가 많다며 장난스레 웃기에 바로 질문을 시작했다. 허심탄회한 이야기가 되기를 빌었다. 나도 듣고 싶은 이야기가 많았으므로.

인디 레이블계에서 요즘 가장 유명한 붕가붕가레코드의 팀장은 과연 어떤 경력을 가졌을까 궁금했다. 그래서 먼저 김설화의 사회생활 경력 이야기로 대화를 시작했다. 음악 좀 듣는, 페스티벌을 좀 따라다닌 사람이겠지 했는데 의외로 "저는 사실 음악에 '음'자도 몰랐어요"라는 대답이 돌아왔다.
그의 경력은 정말 독특했다. 김설화는 조기 졸업을 하면 일본에 갈 자금 5백만 원을 지원해 주겠다는 아버지의 말을 믿고 정말 조기 졸업을 했다. 그러나 딸 혼자 타국에 보내길 꺼리셨는지 약속은 깨졌다.
"하지만 저는 졸업 선물로 부모님께 받은 40만 원으로 무작정 일주일 후 떠나는 비행기 티켓을 끊었어요. 부모님은 설마 제가 떠날까 싶어 그냥 지켜보셨고 저도 계속 짐을 쌌다 풀렀다를 반복했어요. 그렇지만 저는 정말 떠났죠, 뭐. 하하."
그는 워킹홀리데이로 일본에서 1년이라는 시간을 보내고 돌아왔다. 제과 제빵에 관심이 있던 그는 돌아와 유명 빵집에서 1년, 이탈리아 아이스크림 젤라또를 만드는 회사에 입사해 2년의 시간을 보냈다. 일도 재밌었고 배운 것도 많았지만 투자자가 들어오면서 회사 분위기는 많이 바뀌었다. 재밌던 일이 순식간에 지리멸렬한 일이 되었고 '회사에 가는 게 이렇게 고역일 수 있구나' 하고 처음 깨달았다. 그래서 미련없이 회사를 그만뒀다.
"두 번째 회사를 관두고 쉬는 동안 정말 깊이 고민했어요. 이제는 즐겁게, 평생 할 수 있는 일을 찾고 싶었거든요."
그러던 어느 날, 그는 KBS 프로그램 〈다큐멘터리 3일〉을 보았다. 인디 밴드에 관한 이야기였는데 생계를 유지하기 위해 하고 싶은 음악만 할 수 없어 다른 일을 병행하며 열심히 살아가는 뮤지션의 이야기였다. 그들의 음악은 참 대단해 보였는데 그것만으로 밥벌이를 할 수 없다니 안타까웠다.
"그냥 그 프로그램을 보면서 무작정 그들을 돕고 싶다, 그들과 함께 일하고 싶다는 생각을 했어요. 음악에 대해서는 아무것도 모르지만 자신은 있었어요. 바로 인터넷을 뒤져 인디 레이블을 찾아냈고, 얼른 그 일을 하고 싶다는 마음이 급했기에 유일하게 휴대폰 번호를 공개한 곰사장님께 용기를 내어 문자를 보냈죠."
'장기하와 얼굴들', 그리고 지금은 레이블을 떠났지만 '브로콜리너마저' 등 붕가붕가레코드의 밴드 몇몇은 이미 유명세를 떨치고 있었음에도 사실 김설화는 그들의 얼굴이나 음악을 잘 몰랐다. '사지육신 멀쩡한 여자애가 여기 있는데 저를 인턴으로 써주시지 않겠냐'는 문자를 보내면서도 말이다. 그런데 답이 왔다. '그렇지 않아도 인력 충원을 할 예정이었는데 공고가 날 때까지 조금 기다려 달라'는 답이었다. 희망이 생겼다.
그는 그 말을 믿고 한 달 반의 시간을 기다렸다고 했다. "믿고 기다리기 쉽지 않았을 텐데 어떻게 그 긴 기다림을 참았어요?"라는 질문에 그는 말했다. "진짜 하고 싶은 일이라 생각했으니까요. 근데 한 달 반이 지나도록 연락이 오지 않으니 저도 마냥 기다릴 수는 없겠더라고요. 하하."
그는 곰사장에게 여전히 기다리고 있노라고 다시 연락을 했다. 곰사장은 바로 답을 주었다.
'이제 공고가 나니 이력서와 자기소개서를 준비해 주세요.'
많은 지원자가 몰린 가운데 스무 명 남짓의 면접자가 선정됐다. 물론 그도 그 안에 있었다. 두 명씩 짝을 지어 보는 면접에 여덟 명의 면접관이 앉아 있었다. 지금 돌아 보면 상당수가 소속 유명 뮤지션들이었는데 당시에는 전혀 알아보지 못했다며 웃었다. 면접은 그저 일반적인 질문들로 나아가지 않았기에 쉽지는 않았지만 언제까지 일할 거냐는 마지막 질문만은 자신있게 대답할 수 있었다.
"아티스트가 음악만으로 먹고 살 수 있을 때까지 일하고 싶습니다."

이 기발한 사람들과 내내 함께할 수 있기를

솔직히 처음 출근을 했을 때 이런 생각이 들었다고 했다. '쿵쾅대는 드럼 소리, 전자 기타 소리로 가득한 곳에서 어떻게 이렇게 다들 집중하며 일하고 있는 걸까?'
"네?"
나는 깜짝 놀라 그게 무슨 이야기인지 물었다. 지금은 별도의 사무실이 생겼지만 원래 뮤지션 연습실 한구석에 만들어 놓은 사무공간에서 처음 일을 시작했다고 했다. 바닥에는 종이 케이스 수공업 음반 제작을 위한 물품들이 여기저기 널려 있었다. 그는 확실히 일반적인 회사 모습은 아니라 느꼈지만 놀랄 겨를도 없이 바로 수공업 음반 제작에 합류했다.

붕가붕가레코드는 '혼자 사랑하는 자가 혼자 살아남는다'라는 모토 아래 탄생했다. '붕가붕가'는 개와 고양이가 스스로 성욕을 해결하는 행위에서 따온 이름으로, 아티스트가 자생할 수 있는 방법을 스스로 모색한다는 비유다. 재미있지만 한편으로는 슬픈 표현이다. 그래도 이들이 만나 새로운 방향을 모색할 수 있었던 게 바로 그 모토였고, 간결한 사운드와 디자인으로 대형 음반 제작 방식을 탈피한 수공업 음반 제작 시스템 브랜드인 쑥고개청년회도 만들 수 있었다.

붕가붕가레코드의 이러한 탄생 배경부터 그가 처음 본 사무실의 모습까지. 누군가의 눈에는 그 상황이 굉장히 열악해 보일 수 있었겠지만 김설화는 의미 있는 일을 맡았다고 처음부터 생각했고 누구보다 열심히 제작을 도왔다. 사실 아무것도 할 줄 몰랐기에 시키는 일이면 뭐든 열심히 매달리던 시절이었다. 악기를 나르고 밤을 새워가며 일하는 시간에도 얼른 3개월 인턴 기간을 무사히 마치고 이들과 계속 함께할 수 있기를 간절히 바랐다. 과연 저게 가능할까 싶게 엉뚱한 아이디어를 내 독립음반계 최초의 립싱크 댄스그룹 '술탄 오브 더 디스코'를 만들기도 한 이 기발한 구성원 속에서 계속 함께하고 싶었다.

그는 지금 '밴드 강산에', '장기하와 얼굴들'을 제외한 회사의 모든 소속 아티스트들을 맡고 있다. 아티스트 스케줄 관리부터 공연 기획 참여와 소소한 진행까지. 일에 욕심이 있는 그는 지난 2년간 누가 시키는 일이라면 뭐든 "할게요!"라고 외치며 성장해 왔다.

나 역시 아무것도 할 줄 모르고 폐만 끼치던 신입 시절을 지나 2년 정도 흐른 후에 돌아보니 참 달라진 나를 발견할 수 있었다. 익숙하지 않았던 컴퓨터 프로그램에 능하게 되었고 클라이언트와의 전화 통화에도 능글맞게 술술 말이 잘 나오던 때가 바로 이때부터였던 것 같다.

놀면서 다시 그 능력이 퇴화하긴 했지만 나도 막내에서 일 좀 아는 직원으로 성장하기까지의 과정을 겪어 보았기에 김설화가 어떤 과정을 거쳐 이만큼 성장했을지는 짐작이 갔다. 아마도 좋아하는 일일수록 더 빨리 익혀서 도움이 되고 싶은 조급한 마음이 들었을 거라 생각했는데 "사실 조금 힘들었다"라며 자백을 해왔다.

"하지만 이제부터가 내가 배울 일의 진짜 시작이에요. 정말 열심히 배워야 해요."

음반 기획보다는 공연 기획 일에 더욱 관심 있는 그에게 처음으로 프로젝트 기획 일이 주어진 것. 바로 커뮤니케이션 우디와 함께하는 청각장애어린이 돕기 공연이다. 이 일을 시작으로 김설화는 이제부터 조금 다른 일을 배우게 된다. 나는 부디 그 길이 약간의 자책과 함께하는 길이라도 그가 즐겁게 성장하는 길이 되길 진심으로 바랐다.

하고 싶은 일을 하는 데서 오는 자유는 과연 뭘까

"너 빵집에서 뭐해?" 친구가 처음 사회생활을 시작한 그에게 물었을 때, 그 말에 비웃음이 약간 섞여 있다는 걸 느꼈다. 하지만 남들이 뭐라고 하든 내가 즐거우면 그만이라 생각했기에 그는 당당했다. 그렇게 마음이 가는 대로 따라가다 보니 진짜 좋아하고 잘하고 싶은 지금의 일을 찾았다.

스물일곱 김설화의 주변에는 아직도 취업을 준비 중인 친구들이 많다. 친구들과 만날 때면 그들은 연봉이 어느 정도 되어야 하고 일은 몇 시에 끝나야 하고 등 그들이 원하는 다양한 조건을 말한다. 그런데 가만히 그 대화를 돌이켜 보면 가장 중요한 한 가지가 빠졌다는 생각이 든다고 했다.

"저는 참 잘 이해가 안 가요. 무얼 하고 싶은지는 확실치 않고 그냥 많이 알려고 돈 많이 주는 곳을 찾아 준비하는 친구들을 보면요. 그게 즐거운 삶일까요?"

굉장히 즐거운 삶은 아니라도 편한 삶은 되지 않겠냐고 나는 대답했다. 나도 가끔은 내가 선택한 청바지와 운동화를 안정적인 것들과 맞바꾸고 싶기도 했다. 솔직히 적은 월급으로 서울이라는 거대한 도시에서 월세를 내고 생활하며 살기에는 너무 빠듯하고 힘이 든다.

하지만 김설화는 "그래도 자유롭게 살아가고 있지 않느냐"라고 반문했다. 나는 그 말이 정확히 무슨 의미인지 물었다. 그저 큰 회사에 비해 작은 돈을 받은 대가로 취한 여유인지, 회사의 분위기가 자유롭다고 이야기하는 것인지 궁금했다.

"붕가붕가레코드의 분위기는 물론 자유로워요. 곰사장님이 삼십대 초반으로 젊은 데다 개개인의 특성을 잘 이해하고 배려하시거든요. 그러나 제가 가장 자유롭다고 느끼는 건 제가 하고 싶은 일을 하고 있다는 거예요. 가끔 체력적으로 너무 힘이 들 때는 이렇게 먹고 살아야 하는가 하는 생각이 들기도 해요. 하지만 그건 그저 먹고 사는 데서 오는 고단함에 관한 이야기일 뿐이죠. 하다못해 온라인 쇼핑몰을 들여다 보는 아무리 사소한 것일지라도 내가 보고 듣는 모든 것들이 제가 하는 일에 도움이 돼요. 이렇게 제 목표와 일상, 저의 일이 한 방향으로 일치해 가는 것 자체가 저에게는 자유죠."

이 말을 듣고 나는 자유에 관한 시야가 이렇게 일과 접목할 수 있음에 놀랐다. 자유라는 건 그저 나의 생각과 취향, 행동에 대해 제재받지 않을 권리라 생각했었다. 작은 회사의 분위기가 자유로울 가능성은 많지만 '작은 회사=자유로움'이라는 수식은 결국 내가 할 수 있는 일 안에서 만들어가야 할 것이라는 생각이 처음으로 들었다.

당신은 잘하고 있어요

"처음 붕가붕가레코드 입사 면접 때 말했던 것처럼 저는 여전히 아티스트가 아티스트다운 대우를 받을 때까지 열심히 일하고 싶어요."

그에게 앞으로 이루고 싶은 게 무엇이냐 물으니 그는 이렇게 망설임 없이 답했다. 내 질문은 그냥 개인적으로 어떤 비전을 가지고 있느냐는 질문이었는데 이 말에 큰 울림이 있어 다시 묻지 않았다. 그리고 김설화는 말을 이었다.

"요즘 여기저기서 공연 의뢰가 많아요. 분명 공연으로 예산을 많이 잡았을 큰 곳인데 인디 밴드라는 이유로 터무니 없는 출연료를 불러요. 나머지 예산은 모두 유명 연예인에게 할애하죠. 참 화가 나요. 이 사람들도 창작을 하는 아티스트인데 어쩜 그렇게 대우할 수가 있죠?"

그 이야기를 듣고 그것이 어쩌면 큰 기업의 생리와 비슷하지 않은가 생각했다. 모든 대기업의 문제는 아니지만 학생들의 진짜 자산보다는 스펙의 중요성을 일깨워 주는 곳이 바로 그곳 아닌가. 김설화의 생각은 어떤지 물었다.

"저도 그렇게 생각해요. 인간을 인간답게 여기는 게 가장 중요한데 그런 면에서는 좀 부족한 것 아닌가 하는 생각이 들어요. 물론 받아들이는 각자가 가진 가치는 다르겠지만요. 사실 대기업이라는 곳이 높은 연봉을 주는 안정된 직장의 표상이기도 하잖아요. 그래서인지 주변의 많은 친구들이 그곳에 가기 위해 준비하고 있어요. 취업난이 바로 제 옆에서 일어나고 있는 거죠. 한편으로는 이런 생각도 해요. 모두들 자신이 위대하다고 착각하며 사는 게 아닌가. 회사로 따지면 지점은 싫고 본점만 선호하는 듯한 느낌이랄까요. 사실 행동하지 않으면 그 누구도, 아무것도 아니잖아요. 조금 돌아가더라도 배우고 해보면 용기가 생기고 앞으로 어떤 길을 가야겠다는 목표도 생길 텐데 회사의 조건이 어땠으면 좋겠다는 생각으로 무작정 시작하지 않는 것을 보면 무모하다는 생각도 들죠.

대기업 취업을 준비하는 친구들은 아티스트와 관계 맺으며 즐겁게 일하는 저를 보며 부럽다고 얘기하곤 해요. 하지만 선뜻 그 길을 선택할 용기는 없다고 말하죠. 그만큼 일의 즐거움보다는 다른 가치가 더 중요한 것이겠죠."

그는 취업으로 고민하는 친구를 만나면 이런 자신의 생각을 거침없이 이야기한다고 했다. 누구나 목표가 있고 삶의 방향은 다르지만 엄청난 학자금을 빚으로 떠안은 채 살아가는 88만 원 세대, 극심한 취업난을 겪고 있는 우리 세대가 스스로 던지는 '즐거운 일을 찾아 뭐든 행동하라'는 말은 새삼 다르게 다가왔다. 물론 즐거운 일을 찾아가는 것이 누구에게나 쉬운 일이 아니라는 게 함정이라면 함정이지만 말이다.

김설화는 행동했기 때문에 지금의 회사를 찾았고 지금 자신을 일하게 하는 원동력인 회사 사람들과 아티스트들을 만났다. 그리고 지금 그곳에서 아티스트가 먹고 살 수 있는 생태로의 변화에 동참하며 그런 날이 오기를 진정으로 꿈꾸고 있다.

나는 이야기를 나누며 몇 번이나 그에게 "정말 잘하고 있군요"라고 감탄의 말을 했다. 듣는 내내 왠지 그 말이 가장 많이 떠올랐다. 돌아와 글을 정리하는 지금도 다시 한번 그 말을 건네고 싶다. 그 말이 진심이었음을 전하고 싶어서다.

"당신은 잘하고 있어요. 내가 앞으로 일 안에서 어떻게 자유로울 수 있을지 생각하게 해주어서 고마워요."

tip
공연 기획을 직접 체험해 보고 싶다면?
음악 축제로 가자!

매년 날씨가 좋은 봄과 여름, 그리고 가을이 되면 벽에 붙은 무엇에 눈길을 빼앗기곤 한다. 바로 전국 각지에서 열리는 음악 축제의 포스터. "가서 즐기는 것도 중요하지만 공연 기획을 하는 게 꿈이라면 축제에서 모집하는 자원활동가에 지원해 보는 건 어떨까?"라고 김설화는 제안한다. 그가 추천하는 네 개의 축제를 살펴본다.

서울프린지페스티벌 1998년 대학로에서 '독립예술제'라는 이름으로 출발했고, 2002년 서울프린지페스티벌로 거듭나며 현재까지 이어오고 있다. 예술가들이 자발적으로 참여하여 함께 만드는 독립 예술 축제로 매년 8월, 약 17일간 홍대 일대에서 벌어진다.
상업성 짙은 대중문화 속에서 서울프린지페스티벌은 다양한 독립 예술가들에게 참여 기회를 개방하여 자유로운 시도를 가능케 한다. 덕분에 음악, 미술, 연극, 퍼포먼스 등 거의 모든 예술 장르에서 벌어지는 색다른 시도를 엿볼 수 있다. 이 축제는 크게 실내공연예술제, 야외거리예술제, 워크숍 등의 프로그램으로 구성되어 있으며 홍대 일대의 클럽과 극장, 갤러리, 거리에서 동시 다발적으로 진행된다.
매년 5월 말에서 6월 중순에 이 축제와 함께할 자원활동가 '인디스트'를 분야별로 선발하니 독립예술에 관심이 많은 사람, 혹은 아티스트들과 교류하고 싶은 사람이라면 눈여겨 보자.
www.seoulfringefestival.net

제천국제음악영화제   영화와 음악을 동시에 즐길 수 있는 국내 최초의 음악영화제로 2005년부터 시작됐다. 매년 8월 초중순에 충북 제천에서 약 6일간 열리는 이 영화제는 음악 영화 장르화와 대중화에 기여하고, 중소도시에서 개최하는 특성화된 영화제의 좋은 사례가 되었다. 또한 시작한 이래로 상영 영화 편수와 참여 아티스트 수가 점점 늘고 있으며 훌륭한 자연 경관 속에서 영화와 음악을 동시에 즐길 수 있다는 데 매력을 느낀 관객들의 수도 해마다 늘고 있다.

100편이 넘는 국내외 음악 영화 상영, 30개가 넘는 음악 공연뿐 아니라 국내외의 영화감독과 함께하는 음악 대화, 포럼, 음악 아카데미 등 다양한 프로그램으로 관객과 소통하는 제천국제음악영화제는 매년 새로운 기획 프로그램을 펼친다.

이렇게 매력적인 축제를 도우며 바로 옆에서 함께할 수 있는 기회 역시 마련되어 있다. 매년 4월 중순에서 5월 초에 선발하는 자원활동가 'JIMffree'가 그것. 마케팅, 홍보, 운영 등 총 열한 개 분야에서 다양한 능력과 열정을 갖춘 청춘들을 선발하니 음악과 영화에 관심이 있다면 지원해 보는 게 어떨까?

www.jimff.org

부산국제록페스티벌   매년 8월 초부터 3일간 부산에서 열리는 국제 록페스티벌로 2000년부터 시작해 10년이 넘는 역사를 자랑한다. 광안리 해수욕장에서 2년간 열리다 다대포 해수욕장으로 자리를 옮겨 9년간 개최하고, 2011년부터 다시 삼락생태공원으로 개최 장소를 바꿨다. 기본적으로 강력한 하드록 사운드를 추구하지만, 모던록 등 현재 국내외에서 인기 있는 밴드의 공연도 볼 수 있다. 다른 록페스티벌과는 달리 부산시에서 운영하여 무료로 관람할 수 있다는 게 특징이자 장점이며 매년 화려한 라인업을 선보인다. 그래서인지 이곳의 열기는 회를 거듭할수록 뜨겁다.

그 뜨거운 열기에 더욱 가까이 동참할 수 있는 기회가 이곳에도 있다. 매년 4월 중순부터 말까지 참신한 아이디어를 가진 기획단을 모집하니 음악 축제 전문가가 되고 싶다면 꼭 지원해 보자. 무대 진행, 출연진 관리, 안전 관리 등 총 여섯 개 분야를 모집한다. 그러나 각 분야에 한 명씩, 여섯 명에게밖에 기회가 주어지지 않아 경쟁이 치열하다.

www.rockfestival.co.kr

GMF
Grand Mint Festival

2007년 시작한 음악 축제로 매년 10월 20일경 서울 올림픽공원에서 이틀간 열린다. '도시적인 세련됨과 청량함의 여유, 가을에 만나는 음악 피크닉, 자연과 사람에 대한 존중, 아티스트를 존중하는 축제'라는 독창적 이미지를 지향하는 GMF는 그 방향성을 더욱 발전시키며 가을에 꼭 가 보아야 할 중요한 음악 축제로 자리잡았다.

총 다섯 개의 공식 스테이지에서 다양한 색깔의 아티스트 공연을 선보이는 GMF는 친환경을 콘셉트로 한 축제답게 쓰레기 줄이기, 분리수거, 환경 문제와 관련한 다양한 생각들을 실천하고 소개하는 현장 이벤트도 벌인다.

GMF는 매년 7월 중순, 축제를 함께할 자원활동가 '민트플레이어'를 모집한다. 모던한 음악, 영화, 사진을 좋아하고 축제 운영 공동체 민트페이퍼와 감성을 함께 공유할 수 있는 사람이라면 지원이 가능하다. 온·오프라인 홍보, 이벤트와 부스 운영 등 다양한 분야를 경험할 수 있으며 민트페이퍼에서 인턴을 경험할 기회를 얻을 수도 있다.

www.grandmintfestival.com

"단 하나의 가치가 지금 제게는 가장 중요해요. 아티스트들이 보다 좋은 환경에서 음악 활동을 할 수 있는 생태를 만드는 데 도움이 되기 위해 열심히 성장하는 거죠. 가끔 몸도 고되고 빠듯한 생활에 지칠 때도 있지만 마치 운명처럼 이 일을 해보고 싶다는 강한 꿈이 생겨났을 때를 저는 또렷이 기억하고 있어요. 일을 잘하고 싶다는 강한 확신도 바로 그때부터 생겨난 거죠. 그리고 지금, 저는 하고 싶은 일을 하는 자유 속에서 참 즐거워요. 누가 내 일을 인정하든, 하지 않든 말이죠."

02. 진정한 자유란 하고 싶은 일을 한다는 것

소모
엄지현 공동대표
(33세, 창립 4년차)

임보연 공동대표
(33세, 창립 4년차)

소모 somo

2009년 설립. 공동대표 엄지현, 임보연. 서울시 마포구 동교동에 위치해 있으며 직원은 동갑내기 대표 둘뿐인 소규모 출판사다. 엄지현 대표는 영업과 마케팅 업무를, 임보연 대표는 기획과 편집 업무를 각각 담당하고 있다. 〈효자동 레시피〉라는 책을 통해 출판 시장에 이름을 알렸으며, 지금까지 〈스타카토 라디오〉, 〈제주여행법〉, 〈서른의 안녕한 여름〉, 〈한의사의 다방〉, 〈꼼 데 플레르〉 등 '소모'스러움을 고스란히 담은 열세 권의 책을 출간했다. 웃는 얼굴이라는 의미를 갖고 있는 '소모'의 이름처럼 소소한 일상에 웃음을 전하는 책을 만들며 한 해 한 해 성장하고 있다.
www.somobook.com

엄지현 영업 마케팅 총괄

아날로그 필름 출력실에서 일하다 출판사에 들어가 출판사업부에서 근무하기 시작하며 영업과 마케팅 관련 경험을 쌓았다. 이때 얻은 노하우와 인맥을 바탕으로 영업과 마케팅 업무를 총괄하고 있다. 그는 서점 담당자를 만날 때 편집하고 만드는 사람의 마음으로 애정을 담아 책을 소개하는데, 이와 같은 그의 감성 마케팅이 소모의 큰 힘이다. '경제 여건상 마케팅을 못 해서, 잘 알려지지 않아 좋은 책이 읽히지 않는다는 건 참 슬픈 일'이라고 이야기하는 그는 오늘도 소모의 책들을 세상에 알리기 위해 고군분투하고 있다.

임보연 기획 편집 총괄

국문학을 전공하고 시사지를 만드는 잡지사의 문화부 기자와 홍보 회사의 사보 기획자를 거쳐, 단행본 편집자의 길로 들어섰다. 취미가 독서라는 그는 글과 관련한 일을 하고 싶다는 생각을 좇다 보니 운이 좋게 여기까지 오게 된 것 같다고 이야기한다. 함께 일하는 엄지현 대표의 말에 의하면 책이 인쇄에 들어가기까지 웬만해선 일을 손에 꽉 쥐고 놓지 않는 끈기를 지녔으며, 따뜻한 정으로 작가를 섭외하고 관리하는 능력이 탁월하다. 아날로그의 감성을 놓고 싶지 않다는 그는 소모만의 색깔을 고스란히 담은 책을 기획하고 만드는 일에 전력을 다하고 있다.

2010년 5월,
우리들의 여행

**소모의
이야기**

출판 마케터 엄지현

"정말 괜찮겠지?"
"걱정 마. 문제 있음 그때 오면 되지!"
"그렇지? 와, 이게 얼마만의 여행이야. 신난다."
2010년 5월, 일본으로 향하는 비행기 안이다. 회사 다니는 중에 이렇게 여행을 갈 수 있을 줄이야. 1년 전만 해도 상상도 못했던 일인데. 우리만의 회사라 눈치 주는 사람도 없고, 이런 건 진짜 좋구나. 인쇄소에 잘 넘기고 왔으니, 지금부턴 걱정 말고 재미있게 놀아야지!

작년 7월에 시작했으니, 소모도 어느덧 한 살이 되어 간다. 그사이 다섯 권의 책이 나왔으니까 두 달에 책 한 권씩을 만든 셈이다. 뭘 몰라서 겁 없이 시작한다는 상투적인 말보다 우리의 시작과 꼭 맞아떨어지는 표현이 또 있을까? 회사를 차리기로 결심하고 하나하나 준비하기 시작했던 게 엊그제처럼

생생하다. 둘이 함께하기로 결정하고, 출판등록하고,
사업자등록하고, 발행자번호도 등록하고. 디자인회사,
필름출력실, 인쇄소, 물류회사 등 파트너들도
하나하나 섭외하고. 서점마다 다니며 계약하고.
생각해 보면 정신없고 힘들었을 법도 한데, 그땐 뭐가
그리 설레고 신 났는지 힘든 줄도 모르고 여기저기
약속 잡고 돌아다니기에 바빴던 것 같다. 사무실조차
없어 집, 카페에서 회의하며 첫 번째 책을 진행해야
했지만, 우리만의 책을 만들고 있다는 생각에
그마저도 얼마나 즐거웠는지 모른다.

다섯 권의 책을 진행하며 도망가고 싶을 만큼
힘들었던 적이 왜 없었겠느냐마는 그 처음을
생각하며 마음을 다잡을 수 있었던 것 같다.
'그래, 하고 싶은 일을 하자. 만들고 싶은 책을 만들자.
그리고 내가 선택한 길에 대한 책임을 지자'라고.

기획 편집자 임보연

"이 책 진짜 괜찮지?"
"와, 진짜. 우리 책은 잘 나왔을까? 지금쯤 인쇄 끝났겠지?"
"그러지 않았을까? 얼른 보고 싶다."
그새 또 책 얘기라니 우리 참 못 말린다. 그런데 육체적, 정신적으로 힘들다가도 완성된 책을 보면 그렇게 기쁠 수가 없다. 누구의 책도 어느 회사의 책도 아닌 바로 우리의 책, 소모의 책이어서 더 기쁘고 뿌듯한 것 같다. 마치 자식처럼 소중한 기분이랄까?

가끔 정신없이 교정지를 보다 보면 삶과 일이 뒤엉켜 내가 없어져 버릴 때가 있다. 그러다 문득 내가 어디에 서 있는지를 생각한다. 아, 나는 30대 초반의 편집자로 소규모 출판사 소모를 운영하고 있구나. 그리고는 자연스럽게 내가 이곳까지 어떻게 흘러왔는지를 돌아본다. 사실 특별할 것은 없다. 단지 글과 관련한 일 옆에 있고 싶었고, 그 마음을 지켜온 것밖에는.

누군가는 식상해 웃을지도 모르지만, 난 취미가 책 읽기였다. 그래서 고등학교 때까지는 글을 쓰고 싶다는 생각을 했다. 하지만 국문학과에 들어가 공부하며 '아, 나에겐 그럴 능력이 없구나'라는 사실을 깨닫고 '그럼 글 옆에 있는 사람이 되어야겠다'라고 결심했다. 그러다 졸업하고는 잡지를 만드는 회사에 취직했고, 다음은 출판사를 만나 자연스럽게 책 곁으로 흘러오게 됐다. 그리고 지금은 책과 소모가 내 인생의 전 영역이 되었다. 왜냐하면 소모를 통해 사람을 만나고, 무엇이든 소모를 통해 생각하니까. 때로는 지치기도 한다. 심지어 영화를 보러 가서도 자막을 보며 내내 책 제목만 생각하다 나온 적이 있으니. 그럼에도 불구하고 내가 좋아하고 늘 곁에 두고 싶었던 이 일이 나의 모든 것일 수 있어서 얼마나 다행인지, 얼마나 즐거운지 모른다. 소모는 나에게 결코 작은 회사가 아니다. 왜냐하면 나의 삶이자, 나의 전부니까.

김정래가
만난
소모

만들고 싶은 책을
만들고 싶다

지난 번 서점에 갔을 때 새로 나온 책들을 훑어봤다. 그러다 예쁜 꽃 사진 표지에 이끌려 책을 하나 집어 들었는데, 우연히도 소모의 신간 〈꼼 데 플레르〉 책이었다. 그간 소모의 책들이 보여주었던 '소모스러운' 감성이 고스란히 담겨 있는 책으로 '역시나'라는 생각이 들면서 왠지 기분이 좋았다. 젊은 여성 두 명이 꾸려나가는 작은 출판사, 소모. 그들의 이야기를 익히 알고 있었던 터라 녹록하지 않은 출판 시장에서 꾸준하게 자신들의 이야기를 전하고 있는 그들이 참 대단해 보였다. 다니던 출판사를 그만두고 수입도 성공도 보장되지 않는 상황에서 선뜻 가진 돈을 털어 소규모 출판사를 차린다는 것. 확신이 있었던 걸까, 아니면 오랜 꿈이었을까? 어디에서 그런 용기가 난 거지?

작년 이맘때 다니던 회사를 그만두며 나는 나의 다음 진로를 두고 고민에 빠졌었다. 어떤 길로 가는 것이 옳을지. 그러다 NGO로 마음을 굳히고, 영어 실력을 좀 더 쌓아보자는 마음으로 퇴직금을 털어 몇 개월간 어학연수를 다녀왔다. 대학 시절부터 아프간 여성들과 북한 사람들의 삶을 생각하며 아파했던 나의 마음을 모른 척할 수 없었기 때문이다. 하지만 막상 그곳에서 20대를 떠나 보내며 30대를 맞이하고 보니 어쩔 수 없이 한 번 더 고민을 하게 되었다. 크리스마스를 맞아 필리핀 빈민가 아이들과 함께 놀며 직접 살을 부대껴 보니 남을 돕고 마음을 전하는 삶이 얼마나 행복한 건지 느낄 수 있었지만, 한편으로는 평범한 삶과 평범한 결혼을 동경하면서.

어느새 내 나이 서른. 몇 년 전만 해도 세상에 살면서 자아실현만큼 중요한 게 없다고 생각했던 나는 새로운 사람을 만나면 늘 꿈이 뭔지 물어보곤 했었다. 그런데 서른이 되는 몇 년의 과정 속에서 그런 나의 생각들이 꽤 많이 바뀌었다. 한편으로는 제 나이답게 현실적인 나의 자리를 찾아가고 있는 것도 같고, 다른 한편으로는 청년다움을 점점 잃어가는 것도 같고. 혹시 그 접점을 누군가 알고 있을까? 그들이 내게 답을 줄 수 있을까?

소모는 2009년 7월에 창립된 소규모 출판사다. 직원은 마케팅과 영업을 담당하는 엄지현 대표, 기획과 편집을 담당하는 임보연 대표, 단 둘뿐이다. 올해로 서른세 살이 된 그들은 전 직장에서 2~3년간 같이 일하던 동료로 뜻이 맞아 동업을 시작했다.

"그때 딱 서른이었는데, 지금이 아니면 못할 것 같더라고요."
"원래는 둘 다 겁이 많아요. 당시엔 그냥 지금이다, 저질러보자, 그러면서 용기를 냈던 것 같아요."
"그리고 책으로 만들고 싶은 이야기가 있었어요. 저희 첫 책 작가님과 대화를 나누면서부터 '뭔가 인연인가?' 싶을 정도였죠. 그 아이템을 저희만의 출판사에서 이야기하고 싶었던 것 같아요."
처음엔 사무실도 없이 집에 모여 회의하면서 소모의 첫 번째 책을 만들었다. 그러다 차차 사무실도 생기고 다음 책도 나오고. 어느새 3년차, 열세 권의 책을 출간한 출판사가 되었다.

"팔리는 책은 따로 있다고들 하는데, 저희는 만들고 싶은 책을 더 만들고 싶다는 생각이 컸었나 봐요. 어느 곳을 가도 그 간극을 좁히기는 어려울 수도 있겠다 싶어 이직 대신에 독립을 택하게 되었어요. 제일 중요하게 생각했던 가치는 결국 '만들고 싶은 책'을 만들고 싶다는 거였죠."

만들고 싶은 책을 만든다는 것은 하고 싶은 이야기를 한다는 것, 진심을 담아 이야기를 나눈다는 것 아닐까? 그들이 책을 만들 때 제일 중요하게 생각하는 것은 공감이라고 했다. '어느 부분에서 같은 기분이 들었다'라든지 '공감할 수 있었다'라는 글이 블로그에 올라오면 더욱 그런 생각이 든단다.

"소모는 웃을 '소'에 얼굴 '모', 웃는 얼굴이에요. 사람들이 책을 읽으면서 웃었으면, 재미있어서 웃고, 공감돼서 웃고, 혹은 짠해서 웃고. 꼭 한 번은 웃었으면 좋겠다는 마음을 담았어요. 하하, 저희도 가끔 읽으면서 웃어요!"

소모가 나이 들면서 그들도 함께 나이 드는 만큼 조금 더 깊이 있는 이야기를 담아내고 싶다는 그들의 바람이, 책을 향한 애정이, 삶을 향한 용기가, 소모, 웃는 얼굴처럼 아름다웠다. 스스로도 웃을 수 있는 글을 쓴다는 것, 그 자체가 그들만이 느낄 수 있는 진정한 자유 아닐까.

자유롭게 출퇴근하는 그, 결단의 아이콘

회사로서 소모의 강점이 뭔지 궁금했다. 그러자 그들은 이렇게 되물었다. "보기에는 어때요?"라고. 아무래도 큰 출판사에 비해 자유롭지 않을까? 회사 분위기도, 뭔가를 표현할 때도.

"맞아요. 틀 안에 있어 본 적은 없는 것 같아요. 물론 아주 기본적인 틀은 있죠. 일을 하면서 실수하지 말아야 할 부분은 있으니까. 그렇지만 뭐든 자연스러워요. '뭘 해야 돼'라는 마음으로 일하진 않아요."

자연스러움이라. 뭘 해야 된다는 마음으로 일하지 않는다는 것은 결국 스스로의 주관에 따라 일을 기획하고 진행한다는 의미일 터. 무언가를 만들어 내야 하는 기획자로서 일의 동기와 출발이 스스로에게서 시작된다는 것만큼 좋은 업무 환경은 없을 것이다. 왜냐하면 그만큼 제약 없이 아이디어를 제안할 수 있고, 기획에 대한 확신과 이해를 바탕으로 책임감 있게 일을 진행할 수 있기 때문이다.

일과 관련한 것뿐 아니라 회사 분위기나 업무 환경에 대한 강점도 궁금했다. 그들에게도 규모 있는 출판사에 다니는 친구들이 있을 텐데, 비교해 봤을 때 어떤 면에서 자유를 느끼고 있을까?

"일단 가장 기본적인 건 출퇴근이죠. 그리고 상사의 눈치, 마감의 압박? 하하. 물론 큰 틀은 정해져 있어요. 마감은 언제고, 인쇄는 언제 들어가고, 출고는 언제고. 그런 큰 틀만 정해요. 각자의 역할이 있으니까 시간은 알아서 융통성 있게 쓰는 거죠. 그리고 회사에 다닐 때는 성격상 스스로를 많이 괴롭혔죠. 업무에 치중하기도 바쁜 시간에 저 사람이 나한테 왜 이러지? 이런 관계에 대한 고민을 너무 많이 했어요. 그런 시간을 덜어 내니 책도 한 권 더 보고, 사람도 한 번 더 만나고, 제 경우엔 이런 게 좋은 것 같아요."

"저는 저혈압이라 아침에 컨디션이 안 좋은 편이에요. 그런데 회사에 다닐 때는 어쩔 수 없이 새벽에 일어나서 출근은 했죠. 한 열한 시 정도까지 멍한데, 그래도 일은 계속해야 하고. 소모를 하면서부터는 아침의 그 멍한 시간을 재충전하는 시간으로 쓸 수 있어 좋더라고요. 오전 아홉 시부터 열한 시까지는 생각 없이 책을 본다든지, 산책을 한다든지, 하루 일정을 짜는 것도 하고. 대신 밤에 머리가 잘 돌아가는 편이라 새벽 시간을 잘 활용해요. 시간 분배가 자유로워서 좀 더 효율적으로 일하게 되는 것 같아요."

출퇴근이 자유롭다는 건 참 매력적인 부분이다. 하지만 오래 홀로 있다 보면 같이 살아가는 재미가 그리운 날도 있을지 모른다. 그들도 그렇단다. 가끔은 북적북적한 회식 자리가 무척 그립단다. 게다가 처음엔 무엇이든 그들 스스로 결정을 내려야 하는 게 쉽지 않았다고 했다. 연륜이 쌓인 것도 아니고, 직접적으로 조언을 해줄 수 있는 선배나 리더 역할을 해줄 수 있는 사람이 없었기 때문이다. 옳고 그름에 대한 것보다는 '우리가 이렇게 결정을 내려도 될까'라는 그 결정 자체가 굉장히 어려웠단다. 여전히 힘들지만 그래도 전보다는 잘해내고 있는 것 같다며 밝게 웃는 그들. 자유로움이 동반하는 어려운 문제들을 서로 도우며 담담히 책임지고 해결해 가는 모습이 보기 좋았다.
"요즘 보연 씨 별명이 결단의 아이콘이에요, 하하."
"노력하고 있는 것 같아요, 서로."

한 가지 궁금한 게 있었는데 꾹 참고 있다가 결국 솔직히 물어봤다. 수입은 어떤지. 하고 싶은 걸 할 수 있어도 일단 먹고 사는 게 중요하니까.
"솔직히 일정하지는 않아요."
회사에 다닐 때보다 더 가져갔던 때도 있고, 덜 가져갔던 때도 있고, 어떤 때는 아예 못 가져갔던 때도 있단다. 왜냐하면 늘 다음 책을 위해 돈을 비축해야 하기 때문이다. 책이 많이 팔리면, 그 돈을 많이 가져와서 좋다기보다는 그 돈으로 다른 책을 만들 수 있어서 좋다고 이야기하는 그들이 이해할 수 없으면서도 멋졌다. 진짜 책을 좋아하는, 책을 만드는 사람들이구나 싶었다. 참, 혹시 그들이 애초부터 넉넉한 집안에서 자라 돈 걱정 없는 것 아니냐고 오해하지 말길. 털털한 웃음 뒤로 생계의 어려움도 살짝 엿보였으니까.
"5년까지는 뭔가 다음 책을 위한 힘을 만들고 있다고 생각하기 때문에 욕심 없이 지내려고 노력하고 있어요. 곧 열세 번째 책이 나와요, 하하."
3일 전에 시안 작업을 끝냈다며 탁자 위에 올려 두었던 지난 책 몇 권을 펼쳐보는 그들의 눈빛과 손길이 마치 어린 자식을 다루는 것처럼 애틋했다. 아, 나도 저럴 때가 있었는데. 몇 주를 연이은 밤샘으로 고생하다가도 인쇄된 책이 품 안에 들어오면 그렇게 뿌듯할 수가 없었는데. 거기까지 생각이 미치자 소모의 책들이 더없이 소중하게 느껴졌다.

어려워도 이 시간이 지나가면 괜찮을 거야

"취업은 더 이상 개인 문제가 아닌 것 같아요. 그들 잘못이 아니니까 주눅들지 않았으면 좋겠어요. 그런데 어차피 변하지 않을 상황이라면 준비하고 있는 분들이 변해서, 그러니까 구조가 변하지 않을 거라면 사람이 변해서, 뭔가 새로운 일들을 만들어 내면 좋겠어요. 요새 인상적이었던 게 비빔밥을 외국인들에게 홍보하러 다녔다는 젊은이들 이야기였어요. 회사를 다니다가 지금이 아니면 안 되겠다는 생각 때문에 모인 몇 명이 사비로 비빔밥을 만들어 외국인들에게 알리는 여행을 8개월 동안 했대요. 물론 그들이 한국에 들어왔을 때 남은 건 통장잔고 0원뿐이었다지만, 여행에서 얻어온 것으로 또 다시 뭔가 시작할 수 있게 됐다고 하더라고요. 이렇게 사회가 변하지 않으면 도전하는 사람들이 변해서, 뭔가 자기들끼리 기회를 만들었으면 좋겠어요. 보면서 도와주고, 지원해 줄 수 있도록."
들으면서 이야기 속 주인공들이 소모의 두 사람을 닮은 것 같다고 생각했다. 더불어 엄지현은 임보연의 이야기에 덧붙여 조금 현실적인 이야기도 들려주었다.

"전에 친구들하고 진로에 대해 이야기했던 적이 있어요. 그때 친구들이 이런 얘기를 하더라고요. 너는 하고 싶은 걸 다 하면서 살았기 때문에 후회는 없을 것 같다고. 그래서 돌이켜 생각해 보니 정말 하고 싶은 걸 다 하며 살았어요. 학교 가고 싶을 때 들어갔고, 적성에 맞지 않아 나왔고, 다른 일이 하고 싶어 해봤고, 여행을 다니고 싶어 다녔고. 그런데 솔직히 하고 싶은 걸 하면서 살진 못했지만 꾸준히 자기 자리를 지키며 일했던 친구들이 부러운 적도 있었어요. 남들은 하고 싶은 것을 참아가며 돈을 모을 때, 전 그 돈을 다 쓰고 있었던 거니까요."

그는 지금 그 시기로 다시 돌아갈 수 있다면 둘을 절충할 수 있는 방법을 찾아봐야겠다고 했다. 경험을 해본 입장에서 돌아보니, 자신의 자리를 조금은 지켜가며 하고 싶은 걸 하는 것도 나쁘진 않겠다는 생각이 든단다. 나와 같은 고민을 그도 하는구나. 이야기를 듣다 보니 결국 선택은 자신의 몫이 아닐까 싶었다. 있어야 할 자리와 있고 싶은 자리 사이에서 균형을 잡는 비결은, 모두에게 딱 들어맞는 정답은 어디에도 없는 것 같다.

"좋은데 이유가 없다고 하면 좀 웃긴가요? 그냥 하고 싶은 것을 하니까 좋고 재미있어요."

어쨌든 그들의 정답은 소모였다.

그들은 매번 한 권의 책이 나올 때마다 한 번씩은 꼭 어려운 점이 있다고 했다. 초반에 책을 기획할 때 생각이 풀리지 않아서 어렵거나, 진행을 하다가 편집자, 작가, 디자이너, 마케터의 생각이 서로 달라서 의견이 한데 모아지지 않아 어렵거나, 다 만들어진 책의 인쇄가 생각처럼 예쁘게 나오지 않았다거나. 그런데 언제부턴가 '어려워도 이 시간이 지나가면 괜찮을 거야'라는 마음이 생기더라고 했다. 늘 그랬으니까, 어차피 지나갈 거니까. 물론 문제를 해결하기 위해 더욱 바쁘게 움직이지만 마음만은 한결 여유로워졌단다. 경험이 가져다 준 지혜인 것이다.

그들의 이야기를 들으며 인생도, 청년 시절도 책을 만드는 과정과 같다고 느꼈다. 바삐 움직이며 하루하루를 살아가는 과정 속에서 그들이 열세 권이라는 책을 만들고 소모 나름의 소신과 가치를 쌓아왔듯이, 인생의 곳곳에 예상치 못한 난관이 기다리고 있어 때로는 삶이 버겁지만 언젠가 그 경험들이 지혜를 가져다 주는, 그런 의미 있고 재미있는 과정 말이다.

'나에게 글을 쓴다는 것은 일상적이고, 특별하다. 난 언제까지 글을 쓰게 될까. 이 글 말고 그 글, 아니 그 글 말고 이 글. 하긴, 둘 사이에 뚜렷한 경계는 없으니. 그럼 그저 쓰면 되는 걸까. 열심히 살아 보려고 한다. 그런데 '열심히'라는 단어에서…… 번번이 막힌다.'

이 글은 회사에 다닐 당시 쓰고 싶지 않은 글도 써야 하는 상황 속에서 답답한 마음에 끄적거렸던 나의 글이다. 자유란 눈치 볼 상사가 없는 분위기나 출퇴근의 자유로움이기도 하지만 결국 공감할 수 있는 글을 쓴다는 것, 하고 싶은 일을 할 수 있다는 것 아닐까. 그렇다. 내 나이 서른이다. 많다면 많은 나이지만 아직 마음만은 청춘이라. 그러니 하고 싶은 일을 하며 자유롭게 살 수 있는 길을 찾아 조금 더 애써보자. 세상의 소리보다는 마음의 소리에 조금 더 귀 기울이면서.

tip
책 만들고 싶은 사람이
읽어보면 좋을 책

책과 글을 좋아하는 사람이라면 직접 책을 만들어 보고 싶다는 생각을 한 번씩은 해보지 않았을까? 책으로 만들고 싶은 좋은 아이디어를 마음에 지니고 있는 사람이라면 더더욱 출판사 창업에 대해 고민하고 있을 터. 소모의 엄지현과 임보연 역시 그랬다. 그리고 그런 고민이 지금의 소모를 있게 했다. 그들이 출판사를 차리며 참고했던 책들을 공유한다.

책 잘 만드는 책
김진섭 저
은행나무

"다른 출판사에서는 어떻게 하고 있을까? 궁금한 마음에 엿보는 마음으로 보기 시작했어요."

충실한 출판 공정 안내서
책을 만드는 과정과 각 과정에서 알아야 할 주의 사항 및 노하우가 충실히 담긴 책이다. 종이의 종류 및 분류, 규격에서부터 출력 및 교정, 각종 인쇄 방식과 인쇄판, 인쇄 잉크, 특수 인쇄, 제책, 각종 가공에 대한 설명을 비롯해 견적서와 세금계산서를 작성하는 방법에 이르기까지 책을 만들기 위해 거쳐야 할 전 과정에 대해 상세히 설명하고 있다. 풍부한 사진이 독자의 이해를 돕는다. 또한 책 자체가 실제 사례가 되어 독자가 직접 다양한 종이의 질감을 느끼고, 인쇄 방식을 느낄 수 있도록 구성했다. 출판 공정에 관한 전반적인 정보를 담고 있어 초보자들에게 유익하며, 해당 업계에 다년간 종사한 전문가들 역시 출판 과정을 체계적으로 이해하는 데 도움을 얻을 수 있다.

**편집자란 무엇인가,
책 만드는 사람의 거의
모든 것에 대하여**
김학원 저
휴머니스트

"늘 하는 일들이니까 일종의 복습하는 마음으로 읽었어요.
기본에 충실하고자 하는 마음이 들었을 때 점검해 보는
차원에서 좋은 것 같아요."

편집자가 알아야 할 모든 것

제목 그대로 편집자 매뉴얼 같은 책이다. 편집자로서 알고 있어야 할 정보들을 차근차근 설명하고 있다. 목차를 보면 책의 내용을 한눈에 파악할 수 있다.

1장	저자, 어떻게 찾고 섭외하는가?
2장	원고, 어떻게 읽고 편집하는가?
3장	기획, 신간 정보를 어떻게 수집하고 개발하는가?
4장	신간 기획안, 어떻게 입안하고 결정하는가?
5장	출판계약, 저자와 출판사는 어떤 역할과 책임을 갖는가?
6장	제목과 표지, 책을 어떻게 디자인하는가?
7장	머리말에서 찾아보기까지, 책을 어떻게 구성하는가?
8장	홍보, 독자와 어떻게 소통할 것인가?
9장	미래의 편집자를 위한 조언
10장	출판의 중추, 편집장은 어떤 역할을 하는가?
11장	도서 목록을 어떻게 개발하고 확장하는가?
12장	한국의 편집자는 무엇으로 사는가?
13장	디지털 혁명, 출판의 미래는 희망적인가?

출판창업
북페뎀편집위원회 저
한국출판마케팅연구소

"창업을 했던 선배들의 조언에 귀 기울여 볼 수 있었어요.
시작부터 소모를 만든 이후에도 중간중간 의문이 생길 때
펼쳐보게 되지요. 아주 다양한 이유로요."

출판사 창업에 대한 실질적인 조언

출판계에 몸 담고 있거나 몸 담았던 대표적 출판인들이 경험에서 우러나온 출판 창업 이야기를 전한다. 창업을 준비하는 과정, 자금을 운용하는 방법, 외서 기획 가이드, 세무 정보, 출판 유통의 경로, 출판 마케팅 등 출판사를 차리고 경영하기까지의 전체적인 출판 창업 가이드라인을 얻을 수 있는 책이다. 더불어 출판인들의 실제 사례는 출판 창업에 대해 냉철하게 생각해 볼 수 있는 시선을 제공한다.

그대로 두기
다이애나 애실 저
열린책들

"한 시대의 출판인이 거쳐온 삶이 흥미로웠어요. 선배의 인생 이야기를 듣는 듯한 기분도 들었고, 공감에 고개를 끄덕거리기도 했으며, '잘할 수 있을 거야'라고 응원을 받기도 했던 책이에요."

출판 편집자 다이애나 애실의 자서전

영국의 여성 출판 편집자 다이애나 애실이 안드레 도이치 출판사에서 거의 반세기 동안 현대의 영미권 최고 작가들을 만나고, 그들의 작품을 편집하면서 겪은 일화들을 흥미롭게 풀어낸 자전적 회고록이다. 저자는 영국의 영향력 있는 문학 전문 출판사였던 안드레 도이치의 편집자이자 공동 설립자로, 영국 최고의 출판 편집자 중 한 명으로 손꼽힌다.

1부에서는 1940년대부터 1980년대까지의 영국 출판 편집계 풍경을 살펴볼 수 있다. 2부에서는 저자가 제2차 세계대전 이후에 등장한 영미권 최고의 작가들을 만나고 그들의 책을 만들면서 겪은 일화들을 소개한다.

"시작할 때 딱 서른이었는데, 지금이 아니면 못할 것 같더라고요. 제일 중요하게 생각했던 가치는 결국 만들고 싶은 책을 만들고 싶다는 거였죠. 소모는 웃을 '소'에 얼굴 '모', 웃는 얼굴이에요. 사람들이 책을 읽으면서 어떻게든 웃었으면, 재미있어서 웃고, 공감돼서 웃고, 혹은 짠해서 웃고, 꼭 한 번은 웃었으면 좋겠다는 마음을 담았어요. 가르치거나 앞선 것들을 이야기하기보다는 소모가 나이 들면서 저희도 함께 나이 드는 만큼 보다 깊이 있는 이야기를 담아내고 싶어요."

chapter

2

나는 출근하는 아티스트다

03. 작다는 말보다 '깊은'이라는 말로

(주)스놉바이 젠틀몬스터
우빛나 대리
(25세, 입사 2년차)

(주)스눕바이 젠틀몬스터

김한국 대표가 2011년 처음 문을 연 안경 회사로 디자인과 제조, 판매를 함께하고 있다. 그는 안경을 쓰는 사람으로서 안경이 얼마나 중요한 패션 아이템인지를 이해하고, 안경이 주는 특유의 젠틀한 느낌과 독특한 인상을 주는 몬스터의 의미를 섞어 '젠틀몬스터'라고 브랜드 네이밍했다. 거기에 설립 후 세운 모토 'Experiment'를 더하면서 실험적인 디자인을 고민하여 안경을 만들고 있으며 한국 안경을 세계에 널리 알리자는 장기적인 꿈을 실현하기 위해 디자인 실험을 계속하고 있다.

www.gentlemonster.com

우빛나 그래픽/안경 디자이너

사회에 나온 지 이제 만 1년이 되어가는 입사 2년차 디자이너다. 시각 디자인을 전공하고 취업을 위해 편집 디자인 회사를 알아보던 중, 구직 사이트에 올려 놓은 우빛나의 이력서를 본 젠틀몬스터가 먼저 면접을 제안해 입사에 이르게 됐다. 창업 초기의 불안정한 상태였지만 젠틀몬스터의 매력에 끌린 우빛나는 처음부터 지금까지 회사 유일의 디자이너로, 김한국 대표와 함께 젠틀몬스터 브랜드 아이덴티티를 만들어 왔다. 현재는 브랜드 아이덴티티 구축뿐만 아니라 공간 디자인, 안경 디자인 실험 등 다양한 경험을 통해 깊이 있게 성장하고 있다.

즐거운 나의 공작소

우빛나의 이야기

자기 전, 불현듯 꽃이 떠올랐다. 잠깐 열어놓은 창을 통해 들어온 봄 내음 때문일까. 아직은 춥지만 조금씩 꽃이 피기 시작했고 봄볕도 점점 따사로워 지고 있다. 내일은 새봄맞이로 화사한 옷을 골라 입고 나가야겠다. 꽃무늬 스커트를 꺼내 입으면 좋겠다. 그런데 가만, 꽃무늬 스커트가 나한테 있던가? 그렇게 생각은 꽃에서 꽃으로 이어졌다. 어디에 가면 꽃을 많이 볼 수 있을까, 화분을 살까? 하는 마음도 들었는데 문득 눈가에도 알록달록 꽃이 피었으면 좋겠다는 생각에 이르렀다. 그래, 내일 아침은 봄꽃을 찾으러 출근해야겠다.

아침에 일찍 일어나 어느 곳으로 갈까 뉴스를 찾아보니 역시 아직 꽃 핀 곳이 많이 없다. 이 설레는 봄 기분을 얼른 안경에 담고 싶은데 '무슨 좋은 방법 없나?' 생각하다가 꽃집을 하는 선배 언니가 생각났다. 대표님에게 전화를 걸어 꽃집으로 출근하겠다는 사실을 알렸더니 뭐 좋은 아이디어라도 떠올랐냐며 웃으신다. 카메라를 집어 가방에 챙겨 넣고 꽃집으로 향한다. 새로운 제품 출시를 앞두고 있는 요즘이라 어젯밤 관련 이미지 작업을 늦게까지 했지만 뭔가 색다른 것을 만들 수 있겠다는 즐거움에 야근의 피로쯤은 이미 잊었다. 대체 어떤 안경이 만들어질까?

꽃집에 도착하자마자 어떤 꽃이 안경과 잘 어울릴지 이리저리 사진기 셔터부터 눌러보았다. 이 향기와 부드러운 촉감을 담아 낼 수는 없겠지만 이 생생한 색들을 꼭 담고 싶다.
안경과 어울릴만한 꽃을 몇 송이 골라 회사로 가니 어제 들어온 주문 배송 작업이 한창이다. 바쁜 와중이지만 사람들은 내가 사온 꽃만 보고도 내가 어떤 작업을 시작할지 알아챈다. 사무실 한 켠에 마련된 우리의 작업실로 꽃을 가져간다. 우리는 이곳을 실험실이라 부른다. 생각하는 이미지라면 무엇이든 시도하고 연구할 수 있는 곳이기 때문이다.

꽃잎을 고르는 작업부터 시작해 안경의 재료인 크리스탈클리어를 꽃 위에 부어 시트를 만들었다. 엇, 그런데 꽃의 수분 때문인가? 마치 튀김 옷을 입힌

것처럼 꽃이 변형된다. 그 후 최대한 수분을 없애고 세 번을 더 시도하니 성공. 꽃의 아름다운 그 느낌 그대로 안착됐다. 굳기를 기다리며 조금 시간을 보내고 다시 돌아가 설레는 마음으로 시트를 꺼냈는데……. 이게 왜 이러지? 액체가 끈적한 상태 그대로다. 꽃의 수분이 역시 문제인가 보다. 하지만 이대로 만들기를 포기하고 싶지는 않다.

자리로 돌아가 말린 꽃을 파는 곳이 없나 찾다가 압화라는 것을 찾았다. 생화를 그 색감 그대로 압착하여 말린 꽃이다. 살 수 있는 곳을 찾아 또 길을 나서서 운 좋게 예쁜 압화를 샀다. 그리고 돌아와 다시 처음부터 시트 만드는 과정을 시작한다. 액체를 붓고 꽃이 예쁘게 자리잡도록 얹어 다시 액체를 붓고. 그 과정에서 나는 '성공해라, 성공해라' 조용히 주문을 외운다.
떨리는 마음으로 시트를 틀에서 꺼내본다. 성공이다!

알록달록 안경 시트에 꽃이 피었다. 내가 원하는
모양으로 안경의 앞면 모양을 그려 시트를 자른다.
다양한 입자의 사포를 이용해 면을 매끄럽게 만든다.
세밀하고도 고된 작업이지만 슥삭슥삭 소리가
경쾌하다.

안경 다리는 어떻게 표현하면 좋을까? 꽃의 화사함과
어울리는…… 갈색 한지가 좋겠다! 한지와 액체를 한
겹 한 겹 번갈아 가며 겹치면 예쁠 것 같은데. 이미
시간은 늦은 저녁을 향해 가고 있다. 내일 갈색 한지를
사다 봄꽃 안경을 완성해야겠다. 다 만들고 나면 이제
막 파릇파릇 잔디가 돋아나기 시작한 공원으로 들고
가 촬영을 해야지. 상상만으로도 즐겁고 봄볕처럼
마음 따뜻하다.

전민진이
만난
우빛나

창의란 무엇인가

창의라는 말을 좋아하고 동경한다. 사전적으로 정의하자면 새로운 의견을 제시하는 일인데 비슷한 맥락으로 쓰이는 창조랑은 조금 다르다. 창조는 기존에 없었던 것을 새롭게 만들어 내는 일이다. 이 둘의 정확한 의미가 무엇인지 파고들면 어려운 얘기인 것 같은데 나의 주관적 입장에서 해석해 보면 창조를 했더라도 창의적일 수 있는 용기가 필요하기에 결국 창의가 중요하다고 생각한다. 너무나도 개인적인 생각인가? 아니 어쩌면 '창조'라는 단어에 대한 나만의 좋지 않은 이미지를 창의라는 단어로 교묘히 감추려는 것일지도 모른다.

그 이미지라는 것은 사실 별다른 게 아니다. 기업의 홍보물을 만드는 데 참여하고 관련한 글을 쓰면서 나름대로 표면적으로 발견한 게 있었고 그 발견 이후 나는 지루함을 느꼈다. '창조'와 '도전', '혁신'이라는 키워드를 무수히도 많은 기업에서 채택하고 있었기 때문이다.
나는 그 단어들을 조합해 많은 원고를 작성했다. 솔직히 처음에는 아무 느낌도 나지 않았다. 그 단어들이 확실히 매력적이라는 생각은 지울 수 없었고 기업들은 실제로 창조, 도전, 혁신을 필요로 하며 나름의 노력을 펼치고 있었다. 하지만 어떤 게 진짜 창조고 도전이고 혁신인지 갈수록 알 수 없었다. 그래서 그 의미는 내게 조금씩 퇴색되어 갔다. 대체 회사 안에서 이룰 수 있는 진짜 창조는 무엇이고 어떤 형태로 나타나는가. 나는 원고를 쓰면 쓸수록 그것에 대해 회의적으로 이야기하며 농담하게 됐다.
"뭐 맨날 창조래."
음악이나 미술을 하는 아티스트의 작업에 점점 관심을 가지게 된 것도 바로 그 이유인 것 같다. 그들은 세상에 없었던 새로운 것을 만들고 있었기에 창조나 창의 같은 말을 따로 하지 않았다. 그들에게 창조나 창의 활동은 일상 속에 자연스레 묻어나는 것이기 때문이다.
하지만 그 활동이 회사라는 공간으로 옮겨가면 어떤 일이 벌어질까? 갑자기 그게 궁금해졌다. 이윤을 낼 수 있는 창조를 위해 효율적으로 일해야 하는 회사라는 공간. 그 속에서 직원들 스스로가 창의를 발현하는 일을 마치 자신의 작업을 하는 아티스트처럼 자연스럽게 이룰 수 있을지 궁금했다.

젠틀몬스터는 웹서핑 중 우연히 발견했다. 안경이라는 아이템이 특이해 내 눈길을 사로잡았지만 그들을 만나고 싶었던 이유는 'Experiment'라는 모토 때문이었다. 문득 그 단어가 혹시 내가 기업물 원고에 자주 쓰던 창조라는 단어와 비슷한, 형식적인 느낌이지는 않을까 하는 의심이 들었다. 그들이 과연 어떤 실험을 감행하고 있는지 궁금했다. 젠틀몬스터의 몬스터, 우빛나를 만났다.

실험을 위한 행동

서울시 금천구 가산동은 방직, 의류 공단이 있던 자리를 관련 산업이 사양길에 접어들자 정부 차원에서 벤처, 디지털 단지로 조성한 곳이다. 그래서 주로 IT업종의 사무실이 빼곡히 들어서 있지만 각종 의류 브랜드 할인 매장이 한쪽에 자리하고 있다. 그 기묘한 조합을 따르기라도 하듯 젠틀몬스터의 사무실도 가산동 어느 빌딩에 자리하고 있었다. 별로 특별할 것 없어 보이는 고층 건물의 6층. 그곳에 내려 604호 젠틀몬스터를 찾기란 어렵지 않았다. 회색의 벽 속에 네온사인으로 유독 빛나고 있는 604라는 숫자도 그랬지만, 잠수함 문처럼 생긴 금속의 출입문이 젠틀몬스터의 분위기를 독특하게 만들고 있었기 때문이다.

604호에는 경쾌한 음악이 흐르고 있었다. 고개를 돌리자 안경을 만들기 위해 필요한 기계와 도구며 그간 그들이 아티스트와 콜라보레이션을 진행했던 작업물들, 젠틀몬스터가 출시한 안경 제품들이 마치 갤러리 안의 작품처럼 진열되어 있었다. 나는 단번에 그 공간이 마음에 들었고 우빛나가 그 속에서 과연 어떤 일을 하고 있는지 서둘러 이야기를 듣고 싶었다. 쇼룸 건너에 보이는 사무 공간을 비집고 들어가 우빛나를 만나러 왔다고 알렸다. 그는 한창 편집 디자인 작업으로 분주해 보였다. 그가 퇴근하기까지는 30분이 남았고 나는 그 매력적인 공간을 차근차근 둘러보았다.

젠틀몬스터의 창업스토리는 아무리 찾아도 찾을 수 없었다. 젠틀몬스터를 검색하면 나오는 것은 타투 아티스트 노보NOVO와 함께 안경으로 콜라보레이션을 진행했다는 것, 온라인 판매를 하면서도 안경을 다섯 개까지 써볼 수 있게 고객을 배려한 독특한 마케팅을 하는 곳이라는 언론 보도뿐이었다. 천을 덧댄 안경, 자유자재로 새로운 금속 옷을 입힐 수 있는 안경이 이곳저곳 비치된 공간 속에서 나는 어떤 사람이 안경에 이렇게 다양한 시도를 할 생각을 했을까 궁금했다. 그렇게 우빛나를 기다리는 동안 창업자 김한국 대표와 잠시 이야기를 나눌 수 있었고 궁금했던 창업 이야기에 대해 들을 수 있었다.

그가 작년 젠틀몬스터를 열었을 때가 서른둘. 그러니까 그는 올해 서른셋의 많지 않은 나이지만 이전에 대기업을 잠시 거친 후 소규모 영어교육 회사 이사로 재직했다. 이른 나이였지만 워낙 주어진 일에 최선을 다했고, 추진력도 강했기에 얻을 수 있었던 자리였다. 하지만 그는 자신이 재밌게 할 수 있는 색다른 사업을 하고 싶었다. 자신을 좋게 보아온 영어교육회사 대표가 창업하겠다고 나선 그의 꿈을 후원하겠다고 하자 김한국 대표는 본격적으로 사업 아이템을 찾기 위해 공부하고 연구했다.

그러다 그와 가장 밀접한 아이템을 우연히 찾았다. 안경을 쓰는 사람으로서의 고민을 하게 된 것이다. 그는 안경점을 아무리 뒤져도 자신과 어울리는 안경을 찾기가 힘들었다. 뭔가 이상하고 어긋나는 느낌이 들어 안경을 새로 맞추고 조금 쓰다 버리는 일이 많았다. 그때 떠오른 아이디어가 바로 안경 사업이었다. 어떤 것을 쓰느냐에 따라 사람의 이미지를 확 바꾸어 버리는 패션 아이템 중 하나, 젠틀하고 지적인 이미지를 주지만 한편으로는 독특한 이미지를 표현할 수 있는 것이 바로 안경이었다.

국내에서는 독특한 디자인을 출시하는 자체 제작 브랜드가 거의 없었기에 될성부른 사업이라 판단했다. 그 후 그는 평소에는 관심이 없던 패션 공부를 하기 시작했고, 안경 제작을 배우기 위해 일본으로 건너가기도 했다.

그리고 2011년 2월 브랜드 이름을 젠틀몬스터라 정하고 본격적으로 사업을 시작했다. 평소 새로운 시도를 좋아하는 그는 안경을 문화로 정의하며 전에 가졌던 직업과 상관없는 안경 디자이너로서의 첫걸음을 내디뎠다. 그리고 브랜드 아이덴티티를 'Experiment'로 잡는 데는 우빛나의 입사가 큰 영향을 미쳤다.

신입 디자이너 우빛나

모든 구성원이 디자이너인 곳. 그게 내가 젠틀몬스터를 찾기 전 떠올린 이미지였다. 디자인을 전공하지 않고도 이런 독특한 안경 디자인 사업에 뛰어든 김한국 대표의 이야기에서 이미 내 예상은 한 번 깨졌지만 우빛나의 소개가 나를 더욱 놀라게 했다. 나를 만나기 전 그는 분명 자신을 젠틀몬스터의 디자이너라고 소개했지만 유일한 디자이너라고 소개하지는 않았기 때문이다. 다시 말해, 대학을 졸업하고 바로 이곳에 입사해 이제 막 2년차에 접어든 신입 디자이너가 젠틀몬스터의 거의 모든 이미지들을 만들고 제작했다는 것. 디자이너 선배도 없고, 동료도 없는 곳에서 창업 초기의 분주하고 어려운 일들을 모두 감당하기가 쉽지 않을 거라 예상했을 텐데 어떻게 이곳에 입사하기로 결정했는지가 궁금했다.

"사실 아무것도 몰랐어요. 그렇게 아무것도 모르니 가능하지 않았을까요." 역시 아무것도 모를 때 사람은 더 용감해지는 건가. 물어볼 것이 많은데 나도 모르게 "힘들지 않아요?"라는 질문부터 했다.

우빛나는 대학 때 시각 디자인을 전공했다. 편집 디자이너로서의 길을 걷기 위해 졸업 후 이력서를 넣고 면접 보는 일을 반복했다. 물론 오랫동안 구직 활동을 한 것도 아니었고 많은 곳에서 면접을 본 것도 아니지만 면접을 갈 때마다 느낀 건 사무실에 무겁게 내려앉은 공기였다. 그는 어디든 붙으면 입사를 해야겠다고 생각했지만 마음이 별로 동하지 않는 자신을 발견했다고 했다.

그러던 중 구직 사이트에 올려놓은 이력서를 본 젠틀몬스터에서 면접을 보러 오지 않겠냐는 제안을 했다.
"사이트도 없었을 테고, 어떤 곳인지도 모르는데 그냥 갔어요?"
잘 알려진 회사도 아니고 알아볼 방법도 없는데 만약 내게 그런 제안이 왔다면 선뜻 면접을 보러 간다고 대답하지 못했을 거다.
"왠지 그냥 가보고 싶었어요. 안경을 제작하는 회사지만 제품을 보여주기 위한 룩북Look book을 제작하는 업무라고 들었기 때문에 제게 잘 맞는다고 생각했거든요."
장소는 변하지 않았지만 초기 젠틀몬스터 사무실은 새하얀 벽에 큰 테이블과 조명이 전부였다. 사회 초년생 우빛나는 오히려 그 탁 트인 느낌이 좋았고 어딘지 생경한 느낌을 받았다. 면접을 보고 자신의 작업물로 만든 포트폴리오를 챙겨 내려오는데 갑자기 '여기에 꼭 들어가고 싶다'라는 생각이 들었다. 그는 얼른 다시 올라가 포트폴리오를 두고 나왔다. 그리고 집에 돌아가는 길에 '내일부터 당장 출근하지 않겠냐'는 전화를 받았다.

처음부터 우빛나에게 주어진 업무는 녹록치 않았다.
"안경 브랜드 파악을 위해 안경 업체 사이트를 샅샅이 살피며 공부하는 게 처음 한 일이었어요. 그 후, 룩북 제작은 물론 안경 패키지, 보증서, 홈페이지 디자인 등 디자인으로 할 수 있는 모든 작업을 맡았죠."
가르쳐 주는 선배는 없었지만 우빛나는 스스로 즐거운 방향, 젠틀몬스터 식구 모두가 재미있어 하는 방향을 찾아가기 위해 함께 토론에 토론을 거듭하는 일이 무척 즐거웠다.
어렸을 때부터 그림이나 만들기를 좋아했던 우빛나는 컴퓨터 프로그램으로 쉽게 할 수 있는 디자인 작업에도 꼭 자신의 손으로 종이에 그린 그림이나 만들기 작업을 접목해 왔다. 나는 이러한 성향을 가진 그이기에 모든 게 다 갖춰진 회사보다는 몸은 고되더라도 처음부터 자신의 색을 담으며 회사를 함께 만들어 가는 일이 오히려 잘 맞을 수밖에 없을 거라 이해됐다.

김한국 대표는 모든 게 처음이지만 늘 의외의 결과물을 만들어 내는 우빛나를 수습 1개월 만에 정직원으로 맞았다. 상상을 실현하기 위해서 먼저 시도하는 것을 좋아하는 김한국 대표에게 우빛나는 더할 나위 없이 적합한 사람이었다. 그 시너지를 통해 젠틀몬스터의 몬스터들은 6개월 만에 자연스레 그들 스스로 즐거울 수 있는 브랜드의 방향을 찾았다. 그게 바로 'Experiment'였다.

많은 사람을 만족시키기보다 젠틀몬스터의 독특한 취향에 공감해 줄 사람들을 타깃으로 색다른 문화를 만들어 보자고 생각하니 여러 가지 아이디어가 떠올랐다. 안경 견본을 제작할 수 있는 그들만의 실험실을 갖추고 과연 안경을 표현하는 재료나 안경 디자인으로써 가능할까 싶은 것들을 계속해서 시도했다. 우빛나는 이에 맞춰 새로운 로고를 제작하고 쇼룸과 실험실을 꾸미는 일, 온라인 브랜드 홍보 등 아주 많은 양의 일을 소화해 냈다. 그리고 안경 디자인 영역에도 점차 관여하게 되었다.

작은 회사 안의 작은 회사, 나

"안경 디자인이라. 이제 드디어 모든 디자인에 관여하게 되는군요! 처음 만들어 봤을 때 어땠어요?"
우빛나가 안경 만들기를 처음 접한 것은 회사에서 세 달에 한 번씩 일반인을 대상으로 진행하는 안경 만들기 행사에 참여하면서다. 김한국 대표는 전 직원이 안경에 대해 잘 알아야 한다고 생각했기에 이 강좌에 우빛나도 참여시켰다.

"처음부터 재밌었어요. 안경 디자인에서 그렇게 많은 시도를 할 수 있다는 것을 그때 처음 알았어요. 사람이 안경 때문에 예뻐 보일 수도 있고 못생겨 보일 수도 있잖아요. 내 손으로 그 변화를 줄 수 있다는 게 신기했어요."

직장에서 어떤 일에 한번 발을 들여 놓으면 다시 발을 빼기 어렵다. 작은 조직일수록 그게 더 심하다는 걸 아는 나로서는 우빛나가 안경 디자인을 시작했다는 지점에서 괜한 압박을 느꼈다. 회사가 원하는 인재란 이렇게 과중한 업무 속에서 만들어지는 건가 싶기도 했다.

현재 젠틀몬스터의 안경 디자인은 80%가 김한국 대표의 작품이지만 우빛나의 영역도 점점 늘어나고 있다고 했다. 원래 그래픽 디자이너였던 그가 안경 일을 배우고 나니 업무는 역시 점점 늘어났다. 그리고 급기야 작년 가을 젠틀몬스터가 안국동 갤러리 '마당'에서 연 안경 전시에서 우빛나는 사람들에게 안경을 만드는 모습을 보여주며 전시 기간 내내 전시장을 지켜야 했다. 그리고 저녁이 되어 갤러리가 문을 닫으면 그는 다시 사무실로 두 번째 출근을 해야 했다.

"사람들은 안경 만드는 모습을 처음 보잖아요. 사람들이 신기해 하며 지켜보는 곳에 앉아 계속해서 안경을 만들었어요. 그때 리미티드 제품도 함께 출시했던 터라 밤에는 수작업으로 제품을 만들고 낮에는 갤러리 안에서 안경 만드는 모습을 보여줬어요. 밤낮으로 안경을 만드는데 진짜 내가 여기서 뭐 하고 있는 건가 싶더라고요."

그런데도 그는 안경 만들기를 계속하고 싶었다. 김한국 대표에게 좀 더 깊이 배우고 싶다고 요청하기도 했지만 '너무 자세히 아는 게 오히려 독특한 작품을 만드는 것을 방해한다'는 조언이 돌아왔다.
"곰곰이 생각해 보니 정말 그런 것 같았어요. 대표님은 디자인이나 마케팅을 전문적으로 배우지 않았지만 늘 새로운 것을 떠올리고 추진해요. 안경 도면을 전문적으로 배운 선배는 불가능하다고 말릴 때도 있지만 일단 이리저리 해보고 도저히 안 되면 그제서야 안 되는 것이 있다는 것을 믿는 편이시죠."

그 후 우빛나는 만화 캐릭터 조로 안경, 부엉이 안경, 나뭇잎과 꽃을 넣어 만든 안경 등을 생각해 냈고 만들었다. 부엉이 안경은 삼청동 '부엉이 박물관' 관장이 제작 요청을 해왔고 나뭇잎과 꽃 안경을 보고는 프랑스의 한 안경 업체가 어떻게 그런 시도를 했냐며 연락을 해왔다고 했다.
여기까지 이야기를 듣는데 입사 때부터 가르쳐 주는 사람 하나 없이 브랜드 아이덴티티 작업을 하고, 안경을 만드는 것까지 잘해내고 있는 그가 참 멋지다고 느껴졌다.
"1년 전의 제 작업과 지금 작업물을 비교하면 많이 다르다는 것을 느껴요. 가르쳐 주는 사람이 없으니 아직도 이것저것 공부해 가며 일해요. 물론 규모가 더 크거나 체계적인 곳에 갔다면 제 모습이 지금 어떻게 되어 있을지 잘 모르겠지만 지금만큼 창의적이지는 못했을 거라는 생각도 들어요."
말이 나온 김에 우빛나에게 작은 회사에서 창의란 무엇을 의미하는지 물었다. 그게 내가 가장 알고 싶던 지점이기도 했다. 회사라는 공간에서 진짜 즐겁게, 자신만의 창의를 발현할 수 있을까 궁금했기 때문이다. 조금 난해한 질문인가 싶었는데 그는 잠시 생각하더니 이렇게 말했다.

"내가 작은 회사 안의 작은 회사라는 생각이 저를 창의적으로 만드는 것 같아요. 작은 회사 안에서는 내가 어떤 작업물을 만드느냐에 따라 그 회사의 이미지가 달라지기도 하잖아요. 특히 젠틀몬스터는 독특함을 내세운 곳이라 계속해서 창의적인 생각을 갖고 일하지 않으면 존재의 의미가 없는 곳이거든요."

맞는 말이었고 멋진 말이었다. 그런데 이런 말은 사장님이나 할 법한 이야기가 아닌가?

"음 그럴 수도 있죠. 하하. 근데 저는 진짜 제 일이 재밌거든요. 예를 들면, 얼마 전 대구에서 있었던 안경 박람회에 회사가 참여했을 때, 우리를 표현할 수 있는 디스플레이 작품을 만들어야 했어요. 대표님이 그냥 "한번 만들어 볼래?" 해서 만들기 시작한 건데 도면도 없이 머릿속에 몬스터를 형상화해서 며칠 동안 철판을 휘고 가죽을 자르고 해서 결과물을 만들어 냈어요. 물론 힘들었지만 제가 만든 몬스터가 우리의 독특함을 표현할 수 있는 무엇이 된다는 생각 자체로 즐겁더라고요. 그러니 저는 최대한 제 능력을 발휘해서 작업할 수밖에 없던 거죠."

이야기를 듣고 나니 혹시 그건 디자이너라는 창의적인 직업을 가지고 있기 때문에 들 수 있는 생각은 아닌지 궁금했다.

"물론 그럴 수도 있죠. 하지만 디자인 회사에 다닌다고 해서 모두 저와 같은 생각을 갖고 있지는 않을 거예요. 하는 일도 다들 다르겠지만요. 근데 어떤 직종의 작은 회사건 이것만은 확실한 것 같아요. 작은 회사는 아무래도 큰 회사보다는 복지 수준이 미약할 테고 안정적이지도 않잖아요. 그렇다면 그 회사만의 매력과 재미를 회사 스스로 키워야 한다고 생각해요. 무작정 사람들이 작은 회사에 대해 관심을 갖고 선택하길 바라는 것, 그저 열심히 일해

주길 바라는 것은 좀 안일하다는 생각이 들어요.
작은 회사가 좋은 게 직원들이 함께 만들어 나갈 수 있고 다양한 역할을 해볼 수 있다는 거잖아요. 대표님은 이렇게 말씀하세요. '재미가 있어야 회사를 다닌다'고 말예요. 그래서 재무를 담당하는 사람에게도 안경 디자인 아이디어를 떠올려 보라는 주문을 하곤 하시죠."

돈과 안정적인 삶을 원하기 때문에 작은 회사 선택을 꺼려하는 게 취업난의 원인이라 생각했는데 의외의 대답이었다. 그리고 보니 내가 느끼기에도 작은 회사 나름의 격차는 분명히 존재하는 것 같았다. 스스로 재미있는 조직은 작다고 주눅들지 않는다.
"그 속에서 우러나는 창의는 진짜가 아닐까요."
우빛나는 내게 말했다.
그래서 그는 '작은' 회사라는 표현을 '깊은'이라는 말로 대체하고 싶어했다. 그의 꿈도 깊은 사람이 되는 것이라 했다. 그의 꿈에 대해 들으며 나는, 자기가 속한 분야 안에서 깊은 고민을 하는 사람은 누구나 창의적일 수 있겠다는 사실을 깨달았다. 또 그런 맥락에서 보자면 아무리 창의적인 조직에 속해 있더라도 개인이 그렇게 행동하지 않는다면 그 조직의 특성은 아무 소용 없을 것이다.
물론 회사라는 곳이 개인의 창의를 마음껏 받아들이기 힘든 곳이라는 것은 알고 있다. 내가 느꼈던 '창조, 도전, 혁신'에 대한 거부감 역시 그것에서부터 비롯되었는지도 모른다. 하지만 우빛나와의 대화 끝에 내가 내린 결론은 개인이 스스로 깊어지고 창의적이 될 때 조직도 함께 변화할 수 있고, 조직이 스스로 창의적이려 할 때 구성원도 창의적일 수 있다는 것이다. 회사라는 곳에서 이러한 상호작용이 이루어지기까지는 쉽지 않은 과정을 거쳐야겠지만, 어쨌거나 그 한계를 인정하고도 스스로 창의적이기를 택한 사람들이 조금 더 즐겁게 일할 수 있다는 것은 분명하다. 내가 본 젠틀몬스터와 우빛나의 조합처럼 말이다.

tip
안경에 대해 배울 수 있는 곳,
어디에 있을까?

성인 두 명 중 한 명이 안경이나 콘택트렌즈를 착용하고 있고 그 수도 점점 늘고 있는 추세라고 한다. 그만큼 안경은 우리 생활에 아주 밀접한 것으로, 최근에는 중요한 패션 액세서리로도 각광받고 있다. 안경은 과학적, 인체공학적, 미적인 측면 등 다양한 것을 아우르는 매력적이고 복잡한 분야다. 그렇다면 안경 만들기를 체험할 수 있고, 학문적으로 배울 수 있는 곳은 어디일까? 우빛나와 안경에 대해 배울 수 있는 곳이 어디인지 알아봤다.

**젠틀몬스터
안경 만들기
체험 프로젝트
ViSiT**

젠틀몬스터는 세 달에 한 번 일반인을 대상으로 안경 만들기 체험 프로젝트를 진행한다. 2011년 창립 직후 첫 행사를 기획한 뒤 벌써 6회가 넘는 행사를 진행했다. 참가자들은 이 행사를 통해 자신이 스스로 디자인한, 세상에 단 하나뿐인 안경을 가질 수 있다.
ViSiT는 주말 하루 종일 진행되며 이 행사에서는 안경에 대한 기본 지식을 배우는 것은 물론 문화와 접목을 시도하는 젠틀몬스터의 독특한 안경 철학도 엿볼 수 있다. 참가자들은 자신이 만들고 싶은 안경을 직접 손으로 그리고, 디자인에 어울리는 재료를 골라 모양대로 잘라 다듬는 과정을 직접 체험한다. 그러나 행사에서는 시간 관계상 안경의 앞면인 프론트만 제작하는데, 후에 젠틀몬스터의 손을 거쳐 멋지게 마무리된 안경을 받을 수 있다.
참가비는 없으며 신청은 젠틀몬스터 홈페이지에서 받는다. 안경을 만들어보고 싶다는 열정, 안경과 관련한 자신만의 독특한 사연을 통해 단 열 명의 참가자를 선발하니 안경을 좋아하는 사람이라면 도전해 보자.
gentlemonster.co.kr/visit

GLASS GALLERY 291

장인정신을 바탕으로 안경 산업이 발달한 나라로는 일본, 독일, 이탈리아, 프랑스 등이 있다. GLASS GALLERY 291은 장인정신으로 제작한 일본 소매 안경 브랜드의 안경을 소개하는 곳으로 도쿄 오모테산도 역 근처에 위치하고 있다. 과학적으로 잘 디자인된 안경을 소개할 뿐만 아니라 안경 재활용이라는 독특한 프로젝트를 진행하는 이곳은 사람들에게 안경에 대한 지식을 알리는 데도 힘쓴다.
이 갤러리에서는 일반인을 대상으로 한 안경 교실을 유료로 운영하고 있다. 플라스틱 프레임을 만드는 방법을 체험할 수 있는 이 강좌는 사용할 수 있는 재료와 디자인 정도에 따라 A~D 코스로 나뉘어 있으며 각 강좌의 가격 또한 다르다. 참여자가 프론트 프레임을 만든 후 맡기면 장인의 손을 거쳐 완성되며 약 한 달 뒤면 받을 수 있다.
GLASS GALLERY 291의 홈페이지는 한국어도 지원하고 있으니 안경 교실에서 어떤 과정을 거쳐 안경을 만드는지 보다 자세히 살펴보고 싶은 사람이라면 한번 방문해 봐도 좋을 것이다.
www.gg291.com

안경전문학과

대학에서 안경에 대한 전반적인 이론을 배울 수 있는 학과로 우리나라에서는 '안경광학과'라고 주로 칭한다. 인체에서 매우 중요한 눈을 다루는 직업이기 때문에 인체공학적이고 의료적인 학문에 접근하며, 안경과 콘택트렌즈 자체가 과학이기에 기초 과학 지식 등 다양한 학문 지식을 쌓을 수 있다.
안경광학과는 안경 재료학, 안경 도면 설계 등 안경에 대한 전반적인 지식을 탄탄히 쌓을 수 있도록 해 학생들을 이 분야의 전문가로 양성시킨다. 서울기술대학교, 대구과학대학교 등 전국 각지의 대학교에 이 학과가 개설되어 있다.
일본의 안경 관련 전문 대학도 유명하다. 안과학, 의료 계통에 대한 지식을 배우며 컬러, 패션 등 상업적인 안경 제작과 디자인도 배울 수 있다. 직접 현장에서 실습하며 실무 경험을 쌓을 수 있는 인턴 제도도 마련되어 있다.

- 서울과학기술대학교 안경광학과 optometry.seoultech.ac.kr
- 대구과학대학교 안경광학과 optics.tsu.ac.kr
- 동경안경전문학교 www.toc.ac.jp

**대구국제안경전
DIOPS**

대한민국 유일의 국제 안경 박람회로 2012년 12회를 맞았다. 매년 4월 중순 3일간 개최되는 이 안경 박람회는 대한민국 안경 업계의 트렌드를 한눈에 살펴볼 수 있는 축제다. 대한민국의 거의 모든 안경 업체가 참여하는 이 박람회는 새로운 기술, 소재, 디자인이 매년 대거 등장하기에 해외 바이어들도 많이 찾는 비즈니스의 장이기도 하다. 2012년 4월에 개최된 이 행사에 젠틀몬스터도 참가했고, 관람객의 호응을 얻었다.
또 이 박람회는 안경, 콘택트렌즈, 안경 관련 기계, 안경 액세서리를 부스에서 전시할 뿐만 아니라 전 세계 안경 업계의 이슈에 관한 세미나와 강연을 통해 지식을 나누고, 시기능 훈련 등 안경 전문가 양성을 위한 교육도 진행한다.
우리나라뿐만 아니라 전 세계 각국에서 안경 박람회를 개최하고 있으며, 대표적인 박람회로는 이탈리아 밀라노에서 열리는 광학박람회 MIDO, 일본 도쿄에서 열리는 국제안경박람회 IOFT, 중국 북경에서 열리는 국제안경전시회 CIOF 등이 있다.
www.diops.co.kr

"가죽공예를 배우는 중이에요. 제가 하는 일에 다양하게 접목할 수 있기도 하고, 사실 나중엔 저만의 작은 공간을 만드는 게 꿈이거든요. 저는 깊은 사람이 되고 싶어요. 마치 대장간의 장인 같은. 무엇을 하나 만들더라도 장인정신을 가지고 임하는 사람 말이죠. 그런 사람이 되기 위한 과정 중 젠틀몬스터를 만난 건 행운이라고 생각해요. 스스로 즐거운 방향을 찾아나갈 줄 알고, 스스로 배우며 성장할 수 있는 용기를 갖게 하는 곳이니까요. 회사를 선택함에 있어서 그건 참 중요한 가치가 아닐까요?"

04. 나의 마음이 향하는 곳, 상상력이 시작되는 지점

헤이데이
최준연 팀장
(29세, 입사 4년차)

헤이데이 heydey

2007년 설립. 대표 노동균. 서울시 마포구 상수동에 위치해 있으며, 직원은 열다섯 명이다. 사업부는 두 분야로 나뉘어져 있다. 디자인 사업부인 '스투디오 헤이데이'에서는 인쇄, 영상, GUI(Graphic User Interface), 웹사이트 등의 그래픽 디자인을 주 업무로 하고 있으며, 브랜드 사업부인 '바이헤이데이'에서는 가구를 제작하여 판매하고 있다. 그래픽 디자인 한 분야의 장인이 되기보다는 다양한 경험을 하며 여러 가치를 창출하고 싶다는 헤이데이. 수평적인 구조의 즐거운 분위기 속에서 소통을 화두로 땀이 어린 창작물을 탄생시키고 있다. 가구뿐 아니라 패브릭, 리빙 디자인으로 창작의 범위를 넓혀갈 계획이다.

www.byheydey.com

최준연 디자인 사업부 팀장, 브랜드 사업부 부장

직업은 자기 인생을 가꾸는 방법이라 말하는 그는 연인이나 가족과 함께하는 시간보다 더욱 많은 시간을 직장에서 보내는 디자이너다. 홍익대 시각 디자인학과를 나와 헤이데이에서 인턴으로 일하다, 지금은 디자인 사업부 팀장이자 브랜드 사업부 부장으로서 헤이데이의 크리에이티브 디렉팅을 책임지고 있다. 그는 디자인하는 게 좋아서 그것만 생각했던 시간이 어느덧 10년째라고 이야기한다. 함께 일하는 사람들과의 즐거움에서 인생의 가치, 디자인의 가치를 찾아가고 있는 그는 팀장이나 부장이라는 직함 이전에 열심히 일하는 스물아홉 청년이다.

천연 칠 가구가
도착한 날

**최준연의
이야기**

"천연 칠한 가구 도착했어요."
"열어 봐, 열어 봐!"
고심해 작업한 결과물이 드디어 상자에서 나온다.
다들 기다렸나 보다. 일이 쌓여 있는데도 하나
같이 모여드는 걸 보니. 이런 순간이 참 좋다. 모두
한마음이라는 걸 눈으로 확인할 수 있는 시간이랄까?
우리 회사 직원들처럼 각자 일이 바쁜데도 모든
회사 일이 자신의 일인 듯 함께 고민하고, 관심 갖는
이들이 또 어디 있으랴. 기대에 찬 얼굴들이 고마워
절로 미소가 지어진다.

몇 주 전에 대표님과 회의를 했었다. 국내 대부분의
가구 회사에서 일반적으로 가구를 코팅할 때
사용하는 우레탄 칠에서 유해 물질, 포름알데히드가
발견된 것이다. 어쩐지 완성된 가구의 포장 박스를
딱 열면, 좋지 않은 냄새가 난다 했더니 역시나
문제가 있었다. 하지만 가구 표면의 손상이나 오염을

막으려면 코팅을 꼭 해야 하는데. 참 어려운 문제였다. 그런데 당시 대표님과 한참 열중해 회의를 하다 보니 직원들 움직임이 심상치 않았다. 역시나 다들 듣고 있었던 것. 여느 때처럼 하나 같이 거들고 싶은 이야기가 있는데, 대표님과 나의 이야기가 너무 진지했는지 꾹 참고 있는 눈치였다.

회의실을 따로 만들지 않아 회의는 늘 사무실 한가운데 있는 우리가 만든 테이블, 우리가 만든 소파에서 이루어진다. 그러다 보니 시작은 둘이어도 대개 그렇듯 끝날 땐 모두의 회의가 된다. 내가 생각해도 우리 회사 참 특이하고 재미있다. 물론 누군가는 산만해서 불편하지 않냐고 물어올 수도 있겠지만 우리의 경우엔 오히려 그 반대다. 연령과 성별, 직급을 초월해 즐겁게 이야기하며 함께 아이디어를 내다 보면 보다 참신하고 쓸모 있는 결과물을 얻어낸다. 그날도 마찬가지였다.
"이렇게 하면 어때?"

이번엔 생산 기술을 담당하고 계신 이사님이었다.
"이런 식으로 물처럼 가구에 칠할 수 있는 천연 칠을
찾아보면 될 것 같은데."
그러자 직원들이 하나둘 모여들기 시작했다. 물론
저마다 한마디씩 거들며. 그때 구석에서 한 직원이
물뿌리개를 찾아 들고 왔다. 그리고 다 같이 샘플로
있던 목재에 물을 뿌려 본 것이 오늘 도착한,
모두의 기대를 한 몸에 받고 있는 가구의 출발이었다.

천연 칠의 종류를 찾아보느라 꽤나 발품을 팔았다.
가구라는 분야는 시각 디자인과 달리 인터넷상에
정보가 별로 없기 때문에 직접 발로 뛰어다니며 배우고
찾고 만들어갈 때가 많다. 그러다 드디어 마음에 드는
칠을 찾았는데, 사실 단가가 너무 높아서 고민도
많았다. 하지만 가구 가격이 올라갈지언정 우리가
가진 생각과 철학을 고스란히 담은 가구가 아니면 안
되었기에 결국 그 천연 칠을 선택하기로 결정했다.

"와! 진짜 예쁘다."
역시 우리의 결정이 옳았다. 여기저기서 탄성이
나온다. 천연 칠로 바꾸니 나무 색이 가구에 고스란히
남아 가구가 참 맑아졌다. 아, 내가 봐도 정말 예쁘다.
뿌듯하구나!

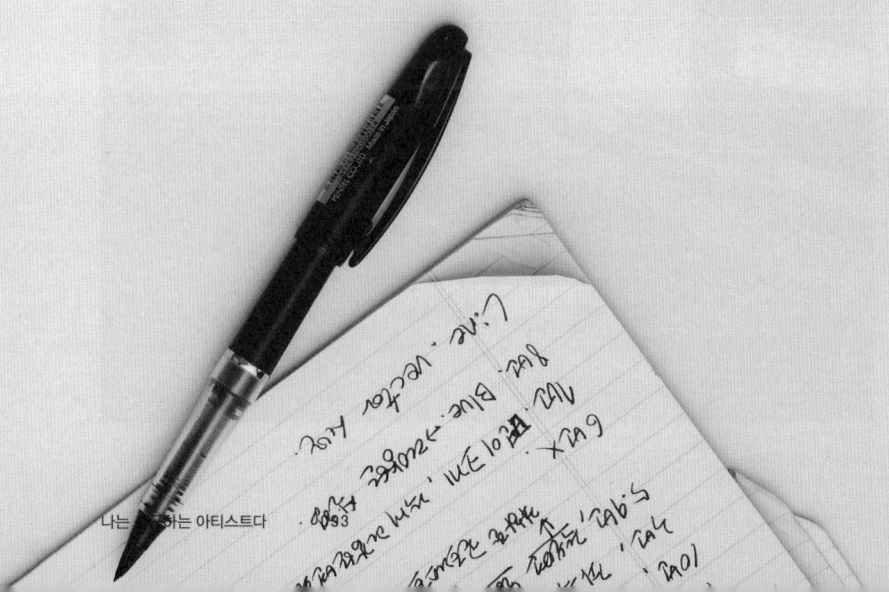

김정래가
만난
최준연

시각 디자이너가
가구를 만든다?

인터넷 검색창에 '바이헤이데이'를 쳤더니, 다양한 블로그에서 바이헤이데이의 화장대 이야기를 하고 있었다. 조금 더 자세히 찾아보니 화장대, 소파, 테이블 등이 검색되었는데 전체적으로 말끔하고 화사한 인상의 가구들이었다. 이렇게 말끔한 가구를 만드는 사람은 어떤 상상을 할까? 가구 제작은 다소 생소한 분야라서 전혀 감이 오지 않았다. 다만 내가 이전에 홍보물을 기획, 상상하고 제작했던 과정처럼 그 역시 가구를 상상하고 제작하는 것 아닐까 생각했다.

일을 하면서 무언가를 상상해내고, 내 머릿속에만 존재했던 상상이 눈앞에서 구현되는 과정을 지켜보는 것은 생각 이상으로 즐겁고 짜릿했다. 하지만 때로는 콘셉트에 꼭 맞는 키워드 하나가 떠오르지 않아 팀원 모두가 모여 새벽까지 회의를 계속했던 적도 있었다. 그리고 그럴 때면 각종 잡지, 책, 인터넷, 노래, 영화, 전시 등등 모든 것들을 동원해 머리를 굴리곤 했었고. 물론 육체적으로는 피곤했지만 그만큼 재미있었다.

일을 하면 할수록 결국 사람들의 마음을 움직이는 아이디어는 진심과 진정성, 인문학적 사색에서 나온다는 생각을 했었다. 그래서 아이디어가 떠오르지 않아 한계에 부딪힐 때는 다시 처음으로, 더 깊이 있는 내면으로 들어가려 노력했던 것 같다. 물론 표현에 있어서는 모두가 쉽게 공감할 수 있는 대중적인 방법이 좋겠지만, 첫 단추를 끼우는 것에 있어서 말이다. 크리에이티브 디렉터라. 그렇다면 그도 이런 고민을 하지 않을까? 가구를 만드는 사람은 어디에서부터, 어떻게 상상을 할까?

오후 두 시 반. 상수역 근처의 작고 조용한 커피숍. 이름은 최준연. 나이는 스물아홉 살로, 팀장이라고 하기엔 조금 어린 나이. 깔끔한 검은색 와이셔츠에 검은 안경을 쓴 그는 쑥스럽게 웃으며 전날 밤을 지새웠다는 이야기를 건넸다. "어제도 밤을 새웠다"라고 하는 걸 보니 밤새우는 일이 잦은 것 같았다. 그 말에 1년 전의 내가 떠올라 처음 보는 그가 낯설지 않았다. 야근이 많은, 작은 회사를 다니는, 가구를 만드는, 디자인 팀장이라. 그는 어떤 사연을 가지고 있을까? 분명 피곤할 그에게 일이 즐거운지 물으면 과연 뭐라고 답할까? 궁금했다. 그리고 잔잔한 음악, 은은한 커피 향과 함께 본격적으로 인터뷰가 시작됐다.

가구를 만드는 바이헤이데이는 '스튜디오 헤이데이'에서 런칭한 브랜드다. 그래서 'by' 헤이데이인 것. 헤이데이는 인쇄, 영상, GUI, 웹사이트 등을 디자인하는 디자인 회사다. 그런데 왜 이곳에서 가구를 만들기 시작했을까? 원래 가구에 관심이 있었던 걸까? 가구는 배워야 만들 수 있는 거 아닌가?

"바이헤이데이를 런칭하기 전, 2009년 4월쯤 스튜디오 헤이데이에서 일하기 시작했어요. 그리고 바이헤이데이는 대표님을 도와 2009년 11월에 런칭하게 된 거죠. 사실 대표님과 같은 대학 같은 과 선후배 사이예요. 둘 다 시각 디자인을 전공했고요. 가구를 만든 계기는 조금 재미있는데, 이사하면서 회사에 들어갈 가구를 찾다가 마음에 드는 게 없어서 만들게 됐어요. 그렇게 시작한 가구 제작이 제품군도 늘고 확장되면서 지금의 모습을 갖추게 된 거죠. 스튜디오만 있을 때는 디자이너 네 명뿐이었는데, 지금은 손수 가구를 만드는 공장의 장인들, 물류 담당하는 팀장님, 생산 총괄하는 이사님, 고객 응대하는 관리 직원도 있고, 디자이너도 아홉 명으로 늘고. 직원들 연령대도 다양해지고 회사 규모도 조금 커졌어요."

그는 가구를 처음 만들기 시작하면서 '이런 것도 우리가 할 수 있구나'란 생각에 놀랐다. 물론 아무것도 모르는 사람들끼리 가구를 만들려니 처음에는 간단한 구조의 테이블 하나 만드는 데도 많은 공을 들여야 했다. 하지만 그래서 더 재미있었다. 하나하나 수정을 거쳐 처음 생각대로 테이블이 완성되어 가는 것을 보며 희열을 느꼈다.

그는 가구만을 디자인하는 가구 디자이너는 아니었다. 평소에는 대개 디자인 사업부 업무에 주력하고 있다. 그러다 대표가 1차적으로 가구를 디자인하면 그와 대리 한 명, 그리고 생산을 담당하는 이사가 주축을 이뤄 함께 샘플을 만들고 회의를 통해 수정하면서 가구를 제작하고 있는 구조다. 이사만 오랜 가구 제작 경험을 지녔지, 함께 일하는 대리 역시 가구 관련 학과가 아닌 예술학과 출신이라고 했다.

"조금 더 여유가 되면 만들어 보고 싶은 가구가 머릿속에는 있어요. 그런데 지금은 분야에 제약 없이 생각을 잘 담은 결과물을 만들어 내는 것에 애착을 갖고 있어요. 가구도 그런 생각의 연장선이고요. 그래서 대표님이 처음 가구 제작을 제안했을 때 반대보다는 공감을 했어요. 매체가 가구든 그래픽 디자인 결과물이든 커뮤니케이션이 쟁점이니까요. 그게 저희의 장점이기도 해요. 우리가 만든 가구가 어떻게 하면 우리의 생각, 우리의 색깔을 잘 담아낼 수 있을까 늘 고민하죠. 그래픽 디자인 한 분야의 장인이 되기보다는 다양한 경험을 하고 여러 가치를 창출하는 것에 관심이 더 많다고도 볼 수 있고요."

그래픽 디자인과 가구 디자인 중에 더 재미있는 분야가 뭔지 물었더니 되돌아온 그의 답이다. 그리고 이와 같은 그의 생각은 바이헤이데이의 생각이기도 하다. 현재는 가구 제작을 주축으로 운영하고 있지만 패브릭이나 리빙 디자인으로도 사업 영역을 확장할 계획이라고 했다. 창의적이고 재미있는 회사라고 느꼈다.

힘들지만 재미있게 일한다는 것

그는 어렸을 때부터 그림 그리는 것을 좋아했다. 그의 말을 빌리자면, 다행히 좋은 부모님 밑에서 태어나 칭찬을 받으며 즐겁게 그림을 그리다가 대학에서 시각 디자인을 공부했다. 그러다 좀 더 실제적으로 디자인에 흥미를 느꼈던 시점은 헤이데이에서 구성원들과 함께 일하고, 이야기하고, 앞으로 나아갈 방향에 대해 공부하면서였다.

"헤이데이는 선배님이 대표로 있어서 알게 됐어요. 제가 군대에 있을 때 같이 학교 다니던 선배가 차린 회사였죠. 그래서 휴가 나오면 군복 입고 회사에 놀러 오고 그랬어요. 그러다 자연스럽게 나도 뭔가 같이 해보고 싶다는 생각을 하게 됐고, 제대하고 프리랜서로 함께 일하기 시작했어요."

처음에는 작은 일부터 시작했다. 하지만 작은 업무를 처리해 줄 사람이 필요해서 가볍게 아르바이트로 도와주길 원했던 회사의 바람을 그는 단순하게 받아들이지 않았다. 카테고리를 나누어 폴더에 넣는 작업을 하면서도 내가 아니면 안 되게 하자는 생각으로 열심히 일했다. 당시 회사에서 진행하고 있었던 KT&G의 담배 케이스 디자인에도 자발적으로 참여했을 정도. 그런데 그 프로젝트는 시장에 내놓을 디자인을 결정하기 위해 선행 디자인을 몇천 개나 만들어야 했던, 지금 생각해도 골치 아픈 프로젝트였다. 그래서 그는 여름이 다가오는 그 무렵 서너 달 동안 거의 집에도 못 가고 회사 소파에서 쪽잠을 자며, 잠깐 가서 씻고 다시 와서 일하곤 했다. 그런데 그게 굉장히 재미있었단다.

"물론 힘들었지만 함께 고민하며 무언가를 만드는 과정, 그 구성원의 일부라는 것이 좋았어요. 그리고 학교에서 하던 과제들이나 자의로 했던 작업들과는 차원이 다른 작업이라는 걸 느꼈죠. 어떤 요구가 있고, 그에 대한 솔루션을 제시해야 하는 작업. 아, 이런 게 진짜 필드에서 하는 디자인이구나, 힘들지만 재미있게 일할 수 있겠구나 생각했어요."

그의 말이 끝나기 무섭게 "몇 천 개요?"라고 깜짝 놀라 되물었던 나. 그렇지만 그 반응이 당연하지 않을까? 기획자로 일하다 보면 기업과 디자이너 사이에서 적잖이 괴로울 때가 있다. 기업은 더 많은 시안을 보기 원하고 디자이너는 최소의 시안으로 본 작업에 들어가길 원하기 때문이다. 양쪽 다 이해는 된다. 기업은 선택에 신중할 수밖에 없고, 디자이너는 시안이 많을수록 창작의 노고가 늘어나니까. 더욱이 최선을 다해 디자인한 시안이 계속해서 퇴짜를 맞는다면 어떤 디자이너가 흥이 나 새로운 디자인을 생각해낼 수 있겠는가. 그래서 처음에는 이 둘을 조율하기가 너무 어려웠다. 가운데 끼어 힘들다는 핑계로 내 입장만 관철시키려 했기 때문이다. 그러나 일을 하면서 선배들에게 배운 지혜는 상대방의 마음을 배려하는 공감의 커뮤니케이션이었다. 그들도 사실 모든 상황을 안다. 포기하거나 감수해야 할 부분을 이미 알고 있다는 뜻이다. 그러니 우선 마음을 툭 터놓고 상대방의 말에 귀 기울이다 보면 차차 인간적인 신뢰가 쌓이고, 생각과 의도를 공유하게 되고, 그러다 보면 또 자연스럽게 서로를 배려하게 되더라. 그리고 그런 과정을 통해 일의 시너지가 나고, 결국 프로젝트도 잘 마무리되고 말이다.

2009년에 프리랜서로 일하던 그는 대표의 제안으로 이듬해에 정규 직원이 되었다. 그것도 디자인 사업부 팀장으로. 그의 나이 스물일곱에 난생 처음 디자이너들을 이끌고 프로젝트를 진행하기 시작한 것이다. 당연히 시행착오가 있었다. 하지만 그럴 때마다 대표와 함께 '지금 실수하는 게 직원들이 열 명, 스무 명일 때보다 나을 거야'라고 위안하며, 훌훌 털고 일어났다. 그리고 그런 과정 속에서 배운 것이 많았다. 우선 혼자가 아닌 협업의 힘에 대해 깨달았다. 또한 팀원 각자가 최대의 역량을 발휘할 수 있도록, 팀원들이 잘 어우러질 수 있도록 하는 것이 팀장의 역할이라는 것도 부딪혀 알게 됐다. 더불어 자신의 결정 때문에 팀원들의 밤샘이 늘거나 줄거나 하는 상황 속에서 어떻게 해야 최선의 결과를 낼 수 있을지 고민하며 더욱 단단해졌다.
"지금은 디자인 사업부를 총괄하며 바이헤이데이 운영과 인사 관리를 동시에 담당하고 있어요. 물론 작은 회사라서 큰 회사만큼 단단한 시스템이 있지는 않아요. 같이 구축해 가고 있죠. 하지만 단기간에 많은 것을 배웠어요. 이런 면이 작은 회사의 강점이죠. 큰 조직에 있으면 개인이 할 수 있는 역할이 많지 않아요. 당장 그 사람이 없어도 대체할 누군가가 있죠. 그런데 작은 회사에서는 개인에게 많은 기회들이 주어져요. 물론 고되고 힘들 수도 있어요. 하지만 제 경우는 그게 좋아요. 다양한 경험들이 결국 디자인의 영감이 되기도 하고, 저를 바꾸고 자극한다고 생각해요."

혹시 그의 이야기가 지극히 이상적이라고 생각하는 사람도 있을지 모른다. 그러나 직접 이야기를 해본 나로서는 의문을 달 수 없었다. 왜냐하면 그의 눈빛에 진심이 담겨 있었기 때문이다. 사람과 회사를 향한 그의 긍정적인 마음이 범상치 않아 보였다. 그가 다양한 경험에서 디자인의 영감을 얻는다고 이야기했듯, 디자인을 향한 그의 창작 열정은 주변을 향한 관심과 애정을 통해 힘을 얻는 것 같았다. 그에겐 그것이 진정한 일의 재미이자 즐거움인 까닭이다.

어떻게 살고 싶은지를 먼저 정해라

홍익대학교 시각 디자인학과. 삼수나 해서 들어간 디자인계의 명문대였기 때문에 그를 향한 주변의 기대감이 컸다. 그리고 그 역시 졸업하면 누구나 다 알만한 회사에 들어가서 역량을 펼치라는 일반적인 시선이 나쁘지 않다고 생각했다. 그런데 헤이데이에서 프리랜서로 1년 동안 일하면서 그의 생각이 바뀌었다. 무엇을 위해 살고 있는지 고민하고, 스스로에게 즐겁게 일하려면 어떤 일을 해야 하는가를 묻게 됐다.

"주위 친구들로부터 취업이 어렵다는 이야기를 들으면 너무 안타깝고 마음이 아파요. 그런데 한편으로는 이런 생각이 들기도 해요. 회사를 선택하기 전에 어떤 삶을 살고 싶은지를 먼저 정하는 게 맞는 것 아닐까? 스스로가 인생에서 제일 중요하게 여기는 게 뭔지 생각해 보면 지금의 고민들을 조금 덜 수 있지 않을까요?"

사실 그를 이해하지 못하는 사람이 많다고 했다. 왜 그렇게 매일 밤을 새우며 일하냐, 안쓰럽다, 힘들지 않냐 등등. 가족들도 집에 좀 자주 들어와라, 회사에서 사냐고 묻곤 한다. 물론 그도 힘들단다. 사람인데 밤새 일하는 게 힘들지 않다면 거짓말이다. 며칠 잠을 못 자면 지금 생각하고 있는 게 맞는지 아닌지 헷갈릴 때도 가끔 있단다. 더러는 그런 이름 모를 회사에 왜 다니냐고 물어보는 사람도 있다. 디자인에 몸담고 있는 사람이 아니라면, 헤이데이라는 회사가 있는 줄도 모르니까. 그리고 이런 질문에 그 역시 기분이 조금 나빠지기도 한다. 그렇지만 후회한 적은 없단다.

"지금 당장 몸이 힘든 건 사실 제겐 중요한 게 아니에요. 직원이 서너 명이었을 때는 그에 맞는 소소한 재미가 있었고, 지금은 좀 더 많은, 그리고 다양한 연령대의 직원들이 함께 만드는 시너지에 재미를 느껴요. 사람들과 함께 하는 재미가 제겐 더 의미있어요. 앞서 제가 중요하게 생각하는 가치가 뭔지 고민하던 시기가 있었고, 그 가치가 명확했기 때문에 지금처럼 생각하고 행동하는 게 가능한 것 같아요."

그는 다른 사람이 인정해 주는 자신의 모습보다 자신이 어떻게 살고 싶은지가 중요하다고 했다. 집보다 더 많은 시간을 보내는 곳. 그곳에서 무슨 일을 하고, 어떤 경험을 하며 인생을 보내느냐에 회사 선택의 기준을 둬야 한다는 것이다.

"진짜 즐길 수 있는지, 아니면 그냥 억지로 일하고 있지는 않은지 생각해 볼 필요가 있어요. 대기업에 입사하는 게 나쁜 건 아니죠. 가치관, 중요하게 생각하는 것에 부합한다면. 그런데 어느 정도는 사회에서 조장하는 분위기에 휩쓸려 회사를 결정하는 경우가 많은 것 같아요. 대기업에서 에너지 넘치게 일할 수 있는 사람이 있는가 하면 조직 체계에 갑갑함을 느끼는 사람도 있고, 작은 회사에서 일하는 게 저처럼 즐거운 사람이 있는가 하면 한계를 느끼는 사람이 있을 수도 있죠. 그 사람들이 각자 자기 자리를 찾아갈 수 있길 바랄 뿐이에요."

그래, 정말 맞는 말이다. 그의 말을 들으며 자연스레 나를 돌아보게 됐다. 나는 어디에 가치를 두고 있나. 지금 나의 삶이 그 가치를 향하고 있나. 더불어 가까운 친구들의 삶도 생각하게 됐다. 내 친구 중에는 대학 시절 품었던 자신의 꿈을 좇아 없는 살림에 힘겹게 유학을 다녀온 뒤, 꿈의 첫 단추를 끼울 수 있는 사회단체에서 일하는 아이가 있다. 급여는 적지만 재미있게 일하고 있다. 그런가 하면 행복한 가정의 가장이 꿈이라는 다른 친구는, 원래의 직장을 포기하고 보다 안정적인 급여와 복지가 보장되는 회사에 입사해 새로운 일의 재미를 찾아가고 있다. 둘의 가치는 참 다르다. 그래서 이야기를 듣다 보면 일을 하며 기쁨과 보람을 느끼는 부분도, 반대로 힘들어 하는 부분도 각각 다르다. 그렇지만 하나 같이 자신의 가치를 좇아 열심히 살고 있는 자랑스러운 나의 친구들이다.

최준연에게 끝으로 꿈에 대해 물었다. 그의 말에 따르면 재미있는 프로젝트는 단가가 낮아서 그만큼 제약 사항이 있다고 한다. 그도 그럴 것이 우선 정해진 단가 내에서 인력을 움직이려면 시간적 제약이 따를 수밖에 없으니까. 그래서 언젠가 아무런 제약 없이 재미있는 프로젝트를 마음껏 해보는 것이 꿈이라는 그는, 천생 디자이너였다. 재미있는 것을 좇고 결국 주위 사람들과 함께하는 기쁨에서 그 재미를 찾는다는 그의 이야기를 들으며 그는 무엇보다 즐거움, 특히 함께 일하는 사람들과의 즐거움에 가치를 두고 있다는 인상을 받았다. 그리고 그 즐거움이 그의 상상력이 시작되는 지점 같았다.

삶을 향한 나의 가치는 무엇일까? 나의 마음이 향하는 곳, 나의 상상력이 시작되는 그곳은 어디일까? 잘 알고 있다고 생각했는데 막상 글로 쓰려니 막막해진다. 나이가 들수록 조금씩 변해왔기에 더욱 그런 것 같다. 다만 변하지 않았던 중심은 사랑을 나누는 사람이 되고 싶다는 것. 직업으로써도, 개인적인 삶으로써도. 과연 나는 지금 그 가치를 향해 살고 있는 걸까? 살아가며 중간중간 점검해 볼 필요가 있는 것 같다. 내가 가고자 하는 길이 지금 이 길이 맞는지. 그래서 살아가다 보면 언덕도 나오고 갈림길도 나오는 것 아닐까? 잠깐 숨을 돌리며 자신의 가치를 돌아보라고. 그런 다음 확신을 가지고 다시 힘을 내어 걸어가라고.

tip
감탄하게 하는 가구,
영감을 주는 가구

가구는 늘 우리 삶 곁에 있다. 많은 사람들이 의식하지 못한 채 살아가고 있지만 잘 생각해 보면 가구는 삶의 자리 대부분에서 한 칸을 차지하고 있다. 바이헤이데이의 최준연은 사람들이 살아가면서 많은 시간을 함께 보내는 가구가 보다 멋스럽고 편안해지길 바란다. 그래서 그는 아름다우면서도 군더더기 없는 가구를 만들고 싶단다. 그런 그를 감탄하게 했던 가구가 있었을까? 그에게 영감을 주는 가구 브랜드가 있는지 물었다.

**나오토 후카사와의
히로시마 라운지 의자**

"히로시마의 마루니 목공이 나오토 후카사와 함께 제작한 가구예요. 헤이데이가 바이헤이데이라는 가구 사업부를 시작할 즈음이었어요. 중앙일보 미술관에서 나오토 후카사와의 히로시마 라운지 의자를 직접 보고 일본의 가구 제작 기술에 감탄했던 기억이 있습니다."

도쿠진 요시오카의 허니팝 의자

"설치미술 작가로 유명한 도쿠진 요시오카의 작품 중에 아트 체어로 제작한 허니팝 의자가 있어요. 접으면 평면이 되고 좌우로 펼치면 입체적인 의자가 되는 벌집 구조로, 종이로 만든 의자지만 특수한 종이 소재를 사용해 견고하죠. 사용자마다 각각 다른 형태를 만들어 낼 수 있도록 한 아이디어가 빛나는 작품이에요."

일본 가구 브랜드 마루니 Maruni

"브랜드 컬러를 지키며 국내외 여러 디자이너와 함께 유려한 디자인의 가구를 만들어 내는 것, 그리고 나무 본연의 아름다움을 잘 드러내는 섬세한 마감이 마루니 목공을 멋진 브랜드로 만드는 힘이라고 생각합니다."
www.maruni.com

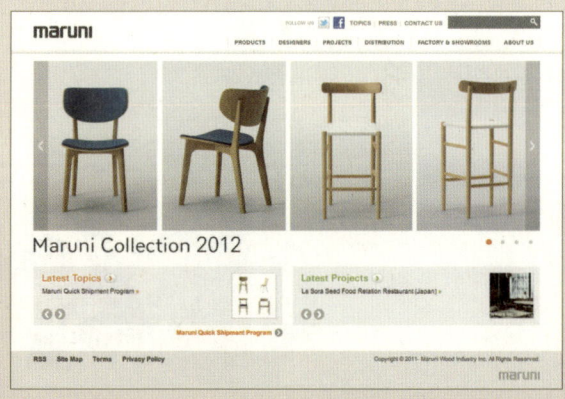

**덴마크 가구 브랜드
헤이 Hay**

"이 브랜드는 북유럽 가구의 미니멀 하면서도 실용적인 매력을 충실히 보여줍니다. 마치 트렌디한 그래픽 디자인처럼 시각적 즐거움이 가득한 브랜드예요."
www.hay.dk

**스위스 가구 브랜드
비트라 Vitra**

"디자인 회의를 진행하면서 비트라의 가구들을 많이 찾아보고 참고하는 편이에요. 아트퍼니쳐에서 심플한 생활가구에 이르기까지 다양한 종류의 가구들을 제작하고 있죠. 또 가구마다 조형감이 뛰어나고 재미있는 아이디어가 스며 있어서 늘 깊은 인상을 받는 브랜드입니다."
www.vitra.com

"다른 사람이 인정해 주는 자신의 모습보다 자신이 어떻게 살고 싶은지가 중요하죠. 집보다 더 많은 시간을 보내는 곳이 회사잖아요. 그곳에서 무슨 일을 하고, 어떤 경험을 하며 인생을 보내느냐가 제 회사 선택의 기준이었어요. 지금 당장 몸이 힘든 건 중요한 게 아니에요. 제겐 사람들과 함께하는 재미가 더 중요하죠. 스스로 중요하게 생각하는 가치가 뭔지 고민하던 시기가 있었고, 그 가치가 명확했기 때문에 지금처럼 생각하고 행동하는 게 가능한 것 같아요."

05. 나를 성장하게 하는 것, 의리와 믿음

키메라스튜디오
박진주 포토그래퍼
(30세, 입사 6년차)

키메라스튜디오

2007년 포토그래퍼 박우진, 우정훈 실장이 강남 압구정동에 공동 설립한 스튜디오로 현재는 논현동에 있다. 주로 매거진의 '하우스 스튜디오' 시스템으로 운영되고 있는데, 하우스 스튜디오란 한 매체의 포토디렉팅을 도맡아 그 매체에 들어가는 전체적인 사진을 촬영하는 스튜디오를 말한다. 지금은 폐간된 매거진 〈프리미어〉, 〈마담휘가로〉, 〈라비도르〉를 시작으로 현재는 매거진 〈코스모폴리탄〉 한국판의 하우스 스튜디오다. 그 외에도 멤버십 매거진이나 각종 기업의 사내외보, 브로슈어 사진도 촬영하고 있다.

박진주 포토그래퍼

초등학교 때부터 사진기를 가지고 놀며 사진에 흥미를 키운, 사진 찍는 사람이다. 중학교 3학년 때, 사진을 평생 업으로 삼을 각오로 안양예고 사진과에 입학해 대학에서도 사진을 전공했다. 모교 선배들이 스태프로 있던 키메라스튜디오에 한두 번 들렀던 것을 계기로 발탁되어 대학 4학년 마지막 학기에 입사했고, 3년이 넘는 시간 동안 어시스턴트 역할을 하며 탄탄히 실력을 쌓아 현재는 실장 다음으로 높은 위치에 있다. 스튜디오의 재무를 담당하는 살림꾼이기도 하다. 여전히 배우는 과정이라고 말하는 그는 모든 사진을 훌륭하게 찍는 실장님들 같은 포토그래퍼가 되는 것이 꿈이다.

좋아하는 일 안에서
성장할 수 있다는 것

**박진주의
이야기**

어깨에는 묵직한 카메라 가방, 다른 한 손에는 조명 장비가 든 캐리어를 끌고 길을 나선다. 이 장비들은 내가 일을 시작한 이후 나와 늘 함께하는 친구다. 일을 하며 만나는 사람들은 나를 보며 어떻게 그 무거운 장비들을 번쩍번쩍 들고 다니냐며 신기해 하고 안쓰럽게 생각하기도 하지만 나는 이제 이 무게가 아무렇지도 않다.

스케줄을 보니 오전부터 늦은 오후 시간까지 짬이 없는 빡빡한 일정이다. 차로 이동할 수 있는 거리도 아니기에 온종일 장비를 들고 걸어야 하지만 이상하게 발걸음이 가볍다. 지난 3주간 쉼 없이 달려온 〈코스모폴리탄〉의 촬영이 어제로 드디어 마감되었고, 막내 시절부터 거의 3년간 도맡아 촬영했던 한 대학교의 홍보 잡지 촬영을 하는 날이기 때문이다. 이 대학교는 내가 다녔던 학교 캠퍼스와 많이 닮았다. 그래서인지 이 캠퍼스를 걸으면 사진에 대한 열정으로

가득했던 몇 년 전의 대학 시절이 떠올라 마음이
설렌다. 주중, 휴일 정해진 출퇴근 시간 없이 분주한
일상이지만 나는 이렇게 일 안에서 여유를 찾는다.
오늘 아침 문득 버스를 타고 오는데 이런 생각이 들었다.
'좋은 사람들과 내가 하고 싶은 일을 하며 성장할 수
있음에 감사하다.'
처음으로 드는 생각이라 조금 당황스럽기도 했지만
이내 나는 바람도 좋고 볕도 좋은 오늘 하루가 나에게
주어졌음에 감사했다.

일로 만났지만 이제는 친구가 되어버린 에디터가
정문에서 나를 기다리고 있다. 쪼르르 달려와 뭐 하나
들어줄 것 없냐고 재촉하는 이 친구와 어떻게 지냈냐는
질문으로 대화를 시작한다.
다른 작은 회사에 비슷한 시기에 입사해 함께 막내
생활의 고충을 토로해 온 우리는 "우리의 인생은 어디로
가는가"라고 느닷없는 질문을 던지며 꺄르르 웃는다.
지금은 비록 너무 힘들지만 그래도 이렇게 각자의
위치에서 꾸준히 자라고 길을 찾다 보면 언젠가는 그
무엇이 되어 있지 않을까?
조급할 건 없다. 그냥 일상에서, 사람에게서, 하나하나
배우며 성장하는 게 지금 나의 역할이다.

첫 촬영은 이제 막 홍보대사가 된 학생 촬영이다. 이것저것 포즈를 취하도록 유도해야 하는데 참 쉽지 않다. 이제는 누구나 사진을 찍고 피사체가 되기도 하지만 이렇게 조명을 놓고 제대로 사진 촬영을 시작하면 보통 사람들은 얼음이 되고 '웃으세요~'라는 말의 효력도 얼마 가지 않는다.
하지만 모델이 최대한 편안하게 촬영에 임할 수 있게 유도하는 게 포토그래퍼의 능력. 나는 실장님들의 촬영을 셀 수 없이 많이 따라다니며 어떻게 해야 하는지를 봤고, 무심한 듯 하지만 최대한 인간 대 인간으로 다가가는 사부들의 모습을 닮기 위해 노력해 왔다.

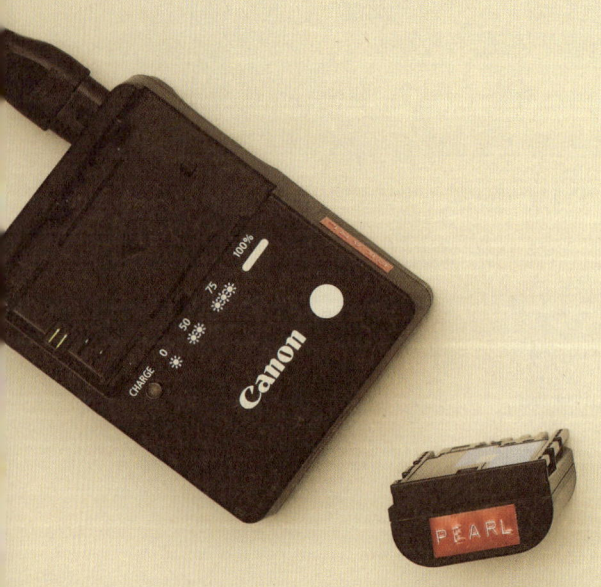

일정은 급하지만 잠시 촬영을 멈추고 학생과 이야기를
나눴다. 전공 이야기며 내가 아는 홍보대사 친구에
관한 이야기를 나누는데 짧은 시간이지만 촬영을
성공적으로 마치고 싶은 그 친구의 마음이 전해졌다.
다시 조명을 켜고 촬영을 시작한다. 아까의 웃음과는
다르다. 나를 조금 편하게 생각하는지 진짜 미소를
지어 보인다.

이제 국문학과 교수님을 촬영하기 위해 이동한다.
어떻게 촬영하면 좋을지 미리 여러 시안을 출력하고
많은 준비를 했지만 늘 그렇듯 실제 장소에 가서
교수님을 만나 뵈어야 명확히 콘셉트를 잡을 수 있을
것 같다. 머릿속이 조금 복잡한 상태로 인문관 계단을
오르는데 에디터 친구가 신이 나서 묻는다.
"오늘 끝나고 어디서 뭐 먹을까요?"
서로를 쳐다보며 푸하하 웃는다. 아직 일정을
끝내려면 한참 남았지만 마치 노동요라도 부르듯 나와
그의 마음을 스스로 달래는 것임을 왜 모르겠는가.
"치킨 어때요, 치킨!"
나도 신 나서 답한다.

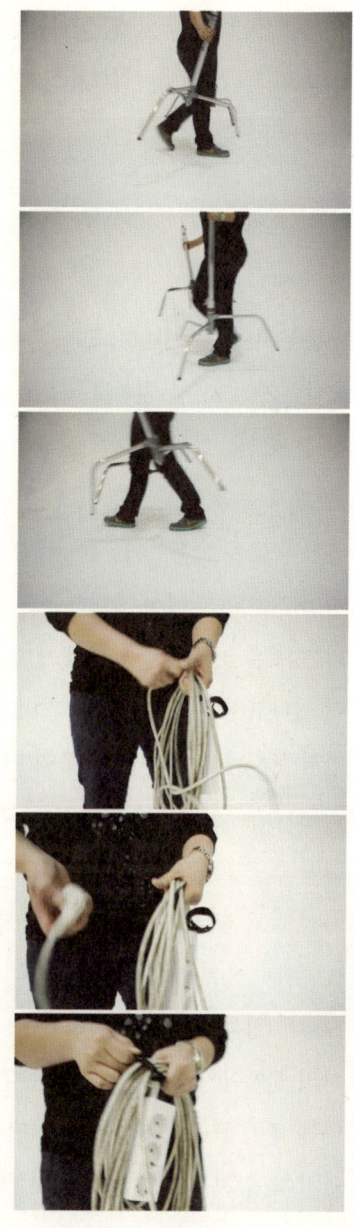

전민진이
만난
박진주

성장이 있어 아름다운
막내라는 이름

처음부터 나는 거대한 착각에 빠져 있었다. 기획자로 회사에 입사하면 바로 큰 프로젝트를 기획하는 일이 척척 주어질 줄 알았달까. 지금 생각하면 참 부끄러운 일이다. 대학을 졸업하기 전 회사 생활 경험이 전혀 없었던 나는 그저 몸담고 싶은 분야에 입사했다는 사실만 좋아했지 컵 설거지며 가습기에 물을 채우는 일, 손님에게 차를 대접하는 일 등 회사의 소소한 일들을 처리하고, 팀에서 진행하는 거의 모든 프로젝트의 어시스턴트를 해야 한다는 것은 전혀 생각하지 못했다. 물론 나는 주어진 일이면 뭐든지 할 자신이 있다고 포부를 밝혔지만 말이다.

합격 문자가 도착하고 뛸 듯이 기뻐한 날과는 다르게 입사 첫날 내가 해야 하는 업무 설명을 듣고 나는 하얗게 질렸다. 겨우 하루를 마치고 퇴근하던 그때 그 기분을 아직도 나는 기억한다. '잘해내지 못하면 어쩌지?' '내일 나가지 말고 잠적할까?' 하는 생각이 머릿속을 맴맴 돌았다.

그렇게 입사 첫날을 시작하고 보니 그 후 3개월의 수습 기간 동안 나는 회사의 문제아가 되어 있었다. 왠지 모르게 두려움에 떨고 있던 나에게 어둡다는 평이 들려왔고 나 역시 어떤 것을 해도 편하지 않았다.

엎친 데 덮친 격으로 한 대학교 학장님을 인터뷰하여 원고를 작성하라는 명이 떨어졌고 나는 정말 큰일이 났구나 싶었다. 여기서 내가 잘하지 못하면 정말 끝이라는 생각 때문이었다. 다행히 나를 안쓰럽게 생각한 선배가 취재를 도왔고 원고 작성 때문에 이틀 밤을 시름시름 앓으며 겨우 해냈다. 그 후 이렇게 수습 기간을 파란만장하게 끝낸 것을 축하하는 기념으로 선배들은 나에게 자신들의 막내 생활 이야기를 들려주었다.

첫 회사에서 원고 작성 때문에 혼나 사장님 앞에서 펑펑 운 이야기, 못된 선배들의 시기와 질투 등 나는 그 처절한 막내 생활을 내 선배들이 버텨냈음에 진심으로 존경의 눈빛을 보냈다. 그럼에도 선배들은 "그래도 막내 시절이 제일 행복한 거야. 책임질 일도 많지 않고 모르면 물어볼 수라도 있지"라고 말해 나를 경악하게 했다.

나는 그 말을 아직 완전히 이해하지는 못하겠지만 이것만은 확실히 안다. '누구나 막내 생활이 있고 그 생활이 없으면 성장도 없다는 것.'

언젠가 내가 막내 생활의 고충을 털어 놓았을 때 내게 위와 같은 답을 들려준 사람이 있다. 바로 회사 생활을 시작하고 얼마 지나지 않아 만난 키메라 스튜디오 박진주 포토그래퍼. 힘들다고 홀랑 회사를 떠난 나와는 다르게 그 힘들기로 유명한 사진계, 그것도 작은 스튜디오에서 6년째 묵묵히, 차곡차곡 성장해 가는 그를 오랜만에 만났다.

나는 사진 찍는 사람

박진주를 생각하면 떠오르는 장면 한 가지가 있다. 밤샘으로 지친 나와 나의 선배, 그리고 그가 무려 다섯 개의 촬영을 진행하기 위해 함께한 어느 여름날이었다. 스튜디오가 최소 인원으로 움직이던 시절, 며칠 밤을 새워서 기진맥진한 상태였던 그가 갑자기 촬영용 엄브렐러를 펴, 얼굴을 가리고 촬영장 바닥에 누워버렸다. 촬영 네 개를 연달아 마치고 30분 짬이 난 상황이었다. 깔깔 웃으며 놀렸지만 얼마나 고단하면 저럴까 하면서 옆을 지켰다.

촬영이 모두 끝나고 사무실로 가는 길, 그도 우리도 사무실에 다시 들어가 남은 일을 해야 했는데 생뚱맞은 아이디어가 떠올랐다.

"우리 이대로 그냥 바다 보러 부산으로 갑시다!"

말도 안 되는 소리라는 것도 알고 그러지 못하리라는 것을 알면서도 우리는 그 이후 벌어질 상황에 대해 제법 진지하고 재미있게 이야기를 나눴다. 솔직히 약간의 기대도 있었다. 운전하던 선배가 진짜 엑셀을 붕 밟아 부산으로 향하면 좋겠다고 말이다.

물론 우리는 그날 각자의 사무실로 돌아가 밤새 일했지만 아직까지도 그때의 일을 떠올리면 일탈의 흥분이 느껴진다. 오랜만에 만난 박진주와 이 이야기로 대화의 문을 열며 나는 그에게 말했다.

"그렇게 일탈을 꿈꿀 정도로 힘들었는데도 여전히 이 일을 한다니 정말 대단해요."

그러자 그는 말했다.

"사진이 좋으니까요."

그의 말을 들으니 지난 4년 동안 나눌 수 없던 이야기들을 오늘 모두 할 수 있을 거라는 확신이 들었다. 우리는 네 시간이 넘게 깊은 이야기를 나눴다.

박진주의 사진 입문은 초등학교 때로 거슬러 올라간다. 집에 있던 필름 카메라를 저학년 때부터 만지작거린 게 시작이었다. 일반적으로 각 가정에 비치된 카메라는 아버지가 가족들의 모습을 담기 위해 쓰였지만, 그의 아버지는 사진에 흥미를 보이는 딸을 위해 값비싼 카메라를 기꺼이 내어 주었다. 그는 가족여행이나 소풍을 가서도 정면을 바라보는 가족이나 친구의 사진보다는 산이며 하늘이며 풍경을 자유롭게 담아냈다.

"하루는 사진관에 갔는데 주인 아저씨가 풍경만 담은 제 사진을 보고 '사진이 잘못 찍힌 것 같은데 인화해도 되냐'고 물어왔을 정도로 그 당시 동네 사진관에서는 인물이 들어간 기념 사진이 아니면 잘못 찍힌 사진이라고 생각한 시절이었어요. 아무래도 어린아이가 맡긴 필름이라 더 그렇게 생각하셨겠죠. 솔직히 왜 이런 사진들만 찍었냐고 딸을 혼내실 만도 한데 그냥 저의 취미 활동을 묵묵히 바라봐준 아버지께 감사할 뿐이죠."

이때까지만 해도 그는 자신의 평생 업으로 사진을 택하게 될 줄은 몰랐다. 유난히 고등학교 입시 전형이 어려웠던 안양에서 자란 그는 중학교 3학년이 되자 입시 준비를 위해 수험생 체제로 돌입해야 했다. 갑자기 남들은 고3때나 할 법한 심각한 고민이 몰려왔다.

"저는 제 의지와 상관없이 밤 10시, 11시까지 학교 책상에 앉아 묶여 있고 싶지 않았어요. 앞으로 하고 싶은 일이 무엇인지 찾고 재미있게 고등학교 생활을 하고 싶었죠. 그때 떠오른 게 사진이었어요. 가장 좋아하는 게 사진이었으니까요. 그래서 고등학교 때부터 전문적으로 배울 수 있는 곳이 없나 알아보기 시작했어요."

찾고 보니 참 신기하게도 아주 가까운 곳에 안양예고가 있었다. 그가 아는 한 그 당시 예술고등학교에 사진과가 있는 유일한 곳이었다. 그 사실을 알고 그는 부모님 모르게 조용히 일을 치렀다. 사진과에 전화를 걸어 학과장 선생님과 통화하며 무엇을 준비해야 하는지를 차근차근 알아냈고 부모님을 설득할 수 있게 시간을 두고 준비했다.

아버지는 "네 뜻이라면 그렇게 해라"라고 조용히 지지를 보내셨다. 하지만 어머니는 굳이 왜 고등학교 때부터 전공을 정하느냐며 말리셨다. "지금 사진을 하고 있는 것을 보니 엄청난 싸움이 있었겠군요"라며 웃자 그는 시험을 보러 가는 날까지도 어머니는 반대하셨다고 했다.
"힘든 포토그래퍼의 생활을 어머니도 예감하셨던 게 아닐까요?"
"그건 아니에요. 그냥 조금 더 넓게 미래를 바라보길 원하셨죠. 그게 무슨 뜻인지 알았지만 아주 신중하게 생각하고 내린 결정이었어요. 특수한 목적이 있다고 해서 특목고잖아요. 저는 정말 목적이 있었고 그게 정말 제가 평생 할 일이라는 각오쯤은 단단히 했기 때문에 그런 결정을 할 수 있었죠. 사진을 찍는 사람으로 사는 게 지금 내 현재, 그리고 미래예요."

포토그래퍼로 성장하며 살아남기

체력적으로 너무나 힘든 길, 처음부터 안정적으로 생계를 이어나갈 수 없는 직업 중 하나가 포토그래퍼다. 그래서 현재 사진계는 인력난이 심각한 상황이다. 특히나 여성 포토그래퍼는 업계에서 찾아보기가 힘들다. 그가 왜 좀 더 편한 길을 가지 않고 이토록 힘들고 경제적 여유도 없는 포토그래퍼로서 살아가고 있는지 늘 궁금했다. 사진 한 컷을 위해 스튜디오의 넓은 벽에 페인트 칠을 하고, 두 실장님의 촬영을 따라 무거운 렌즈와 조명을 들고 새벽부터 이리저리 뛰어 다니던 그의 모습은 같은 막내로 살아가는 내가 봐도 참 버거워 보였다.

"스튜디오의 규모에 상관없이 거의 모든 포토그래퍼는 저와 같은 과정을 거쳐요. 제가 존경하는 우리 실장님들도 그 과정을 거쳐서 지금의 자리에서 인정을 받고 있는 것이고요. 스튜디오에 어시스턴트로 출근한 첫날부터 3일간 집에 가지 못했어요. 이건 정말 장난이 아니구나 싶었죠. 지금도 정해진 퇴근 시간이나 휴일은 없어요. 물론 지금은 막내도 아니고 다른 후배들도 함께 있기에 제가 중심이 되어 사진 촬영을 진행하는 일이 많지만 여전히 실장님들의 촬영을 보조하며 배우는 과정에 있어요.

실장님들의 촬영을 옆에서 보면 참 대단하다고 느껴요. 우리 스튜디오의 특성상 패션, 제품, 인테리어, 인터뷰 등 다양한 사진을 모두 소화해야 하는데 실장님들은 모든 촬영을 높은 완성도로 해내거든요. 대체 어떻게 저렇게 모든 분야를 능수능란하게 찍을 수 있을까 놀랄 때가 많아요. 저는 그 순간마다 생각하죠. 나도 저 사람들처럼 되고 싶다고."

이렇게 체력적으로 힘든 생활을 감내하면서도 늘 열정적인 박진주의 이야기를 듣고 있자니 예전의 내 모습이 떠올랐다. 언젠가 거의 두 달간을 쉬지 못하고 일하던 밤, 나는 늦은 저녁을 먹다 선배에게 '이게 사는 거냐'고 물으며 운 적이 있다. 그만큼 몸도 마음도 힘들었다. 그런 나는 "이게 이제는 즐거운 내 생활이에요"라고 말하는 박진주의 말을 모두 이해할 수는 없었기에 다른 질문을 하나 더 던졌다. 이렇게 힘든 사진을 선택한 것, 큰 미디어나 유명 스튜디오를 택하지 않고 소규모 스튜디오에 몸담은 것을 후회한 적이 없었냐는 물음이었다. 그 안에서 워낙 해야 할 몫이 많아 나처럼 울 만큼 힘들고 후회스러운 적이 있지 않았을까 했는데 그는 "없어요"라고 단호히 말해왔다. 아무리 힘든 상황이라도 자신이 하고 싶은 일 안에 있기에 자아를 잃어버리는 느낌을 받은 적은 없다고 했다.

"그랬다면 아마 제 성격상 그냥 바로 그만뒀을 거예요. 사실 그건 제가 예고에 이어 대학을 선택한 과정만 보아도 알 수 있어요. 사진학과가 있는 4년제 대학교는 다 지방에 있어요. 저는 그중 경일대학교로 진학해 4년을 보냈죠. 이제 20주년을 갓 넘긴 짧은 역사에 비해, 많은 동문들이 현업에서 가장 왕성하게 활동하고 있는 학교예요. 어린 여자애가 수도권에 살면서 지방에 내려가는 것을 선택하는 게 쉽지는 않거든요. 그때 제 결심은 분명했어요. 사진을 하는 사람으로 사는 것.

중학교 시절 〈매그넘 MAGNUM〉 사진전에서 봤던 사진들이 준 짜릿한 충격, 그리고 그곳에서 '수단의 굶주린 소녀'라는 사진을 봤을 때의 감흥이 지금도 생생해요. 그 영향으로 '역시 사진의 정수는 다큐멘터리다!'라며 다큐멘터리 사진을 전공했고 겁 없이 종군 사진기자도 꿈꿨지만 저는 사진이라는 것은 무한히 배워야 하는 것이라는 결론을 내렸어요.

원래 유명해지거나 한탕을 바라는 성향이 아니에요. 어차피 저는 평생 사진을 찍을 사람이잖아요. 그러니 여러모로 내가 많이 배울 수 있는 곳으로 가야겠다고 생각했어요."

그는 대학교 졸업 작품 준비로 바쁜 시절 키메라스튜디오에 입사했다. 같은 전공을 한 학교 선배가 어시스턴트로 일하는 곳이라 한두 번 놀러갔던 것뿐인데, 박우진 실장이 스튜디오 인력을 충원해야 할 때, 박진주를 떠올렸고 그의 근황을 물었다.

박진주는 그렇지 않아도 앞으로 어떤 곳에서 사진을 전문적으로 배워야 할지 고민 중이던 때, 박우진 실장에게 사진 찍는 사람으로 먹고 사는 미래에 대해 현실적인 조언을 들었고 상업사진을 하며 배워나가는 것이 좋겠다는 판단이 섰다. 그리고 키메라스튜디오를 첫 직장으로 선택해 오랜 어시스턴트 생활을 거쳐 '실장님 다음'이라는 지금의 위치에 오게 됐다.

조금씩 그의 사진이나 진행에 대한 좋은 평가가 오가기 시작했고, 키메라스튜디오 전반의 재무나 살림까지 도맡는 중요한 역할을 담당하게 되었다. 그렇게 박진주는 차곡차곡 성장하며 포토그래퍼로서 살아남는 법을 제대로 배우고 있는 중이다.

다양한 사람과 함께하는 사진이라는 예술

박진주는 상업사진은 여러 사람이 함께 만드는 공동작업이라고 말한다. 포토그래퍼란 헤어와 메이크업 아티스트, 의상 스타일리스트, 세트 스타일리스트 등과 함께 만든 피사체의 이야기를 최종적으로 완성하는 중요한 역할이라고 배워왔기 때문이다. 그는 해를 거듭할수록 자신이 얼마나 중요한 역할을 하는 사람인지를 알아간다고 했다. 그리고 자신의 촬영 중에 중요하지 않은 사진이라는 것은 없다는 것을 철칙으로 세웠다.

지금의 생각에 이르는 데는 두 실장님들의 영향이 컸다. 1년을 갓 넘은 그에게 몇 년간의 어시스턴트 생활을 해도 잡지 못하는 카메라를 건네주었고, 덕분에 매거진 〈프리미어〉의 신인 배우, 가수를 소개하는 칼럼으로 입봉할 수 있었다. 특히 우정훈 실장은 1년 반만에 박진주를 포토그래퍼로서 도쿄에 첫 해외 출장을 보내는 파격적인 일을 감행했다. 어시스턴트가 단독으로 첫 촬영을 시작하는 것에는 상징적인 의미가 있다. 촬영할 기회를 주었다는 것은 넙죽 절을 해도 모자라는 일이라고 그는 표현했다.

너무나 떨렸던 첫 촬영을 무사히 마친 이후 그는 당당히 포토그래퍼가 되었다. 물론 어시스턴트 역할도 병행해야 했다. 그러던 어느 날, 박진주가 스튜디오에서 앞으로도 오래 함께하며 배우리라 결심한 사건이 하나 일어났다.

그는 한 기업 사보의 커버 사진을 위해 사물 한 컷을 찍어야 했다. 하지만 제품 사진을 찍는 일에는 흥미가 없던 터라 그에게 문제가 생겼다.
"실장님이라면 단 한 시간만에 끝낼 수 있었던 그 한 컷 촬영이 너무나 어렵고 하기 싫어 3일간 집에 가지 않았어요. 저는 현장을 뛰며 사람들과 호흡하는 것이 좋은데 사물은 움직이지도, 말하지도 않잖아요."
3일간 집에 가지 않는 박진주를 보고 놀란 우정훈 실장은 후배에게 뭔가 큰 일이 났구나 싶어 이야기를 나눴다. 그때만은 실장으로서가 아니라 사진을 찍는 선배 대 후배로 대화하길 자처했다.
박진주는 선배에게 "어떻게 인물이건 제품이건 다 잘 찍을 수 있게 되셨어요?"라고 물었고 "나는 내가 못 찍는 사진이 있다는 게 싫다"라는 대답이 돌아왔다. 그는 갑자기 멍하게 생각에 잠겼다. 이 사람을 다양한 사진의 세계로 이끈 게 바로 이거구나 하는 생각이 들자 마음이 서서히 누그러졌다.
게다가 우정훈 실장은 휴가를 간 며칠 동안 어려움을 겪고 있는 후배를 위해 책을 사서 읽고 박진주에게 도움이 될 만한 부분에 포스트잇을 붙여 건넸다. 박진주가 말하길 "구석구석 걱정 어린 진심이 묻어 있었다"고 했다. 그 날 집으로 돌아가는 버스 안에서, 또 집에서, 책을 모두 읽은 그는 존경심과 고마운 마음, 미안한 마음 등이 뒤섞여 말로 표현할 수 없는 감정이 교차했다. 일이 힘들어도 참고 버틸 수 있는, 살아있는 이유를 맞이한 순간이었다.

감동은 감동이고 힘든 것은 또 다른 문제라고 생각하는 나는 다른 힘든 일을 제치고 6년간 한 곳에 머물러 성장할 수 있었던 원동력이 단지 그 사건

하나였냐고 묻자 그는 "무엇보다 중요한 건 의리 때문"이라고 답했다.

"모든 일은 사람과 함께하는 일이잖아요. 제 바로 옆에 저를 이끌어 주는 사부와 동료가 있죠. 의리나 믿음이 없으면 따라갈 수도 나아갈 수도 없는데 저는 그들을 믿고 따르고 있기 때문에 나아가고 있어요. 또 항상 높은 퀄리티로 사진을 찍으려면 개인적인 기복을 줄여나가는 게 가장 중요한데 같이 일하는 사람들이 서로 믿으며 협업하지 않으면 좋은 사진이 나오기 힘들어요. 그냥 나 혼자만 잘난, 대한민국에서 최고로 사진을 잘 찍는 사람이 되면 뭐해요. 기술적으로는 그럴 수 있겠지만 인격도 같이 성장하지 않으면 다른 사람이 함께 일하려고 하지 않겠죠. 저는 그래서 제가 있는 키메라스튜디오가 참 좋아요. 사람과 사람이 어떻게 만나 소통하는지, 사진 한 컷에 어떻게 그 소통의 이야기를 담아야 할지 배울 수 있는 곳이니까요."

박진주와의 긴긴 대화를 마치고 치킨에 맥주를 마시러 자리를 옮겼다. 그에게서 이전에 알던 것과는 다른 성숙한 느낌이 전해졌다. 긴 막내 시절을 같이 지나는 동안 그는 이만큼 성장했고 나는 아직도 어딘가에 머물러 있는 느낌이다. 그래서인지 내가 너무 쉽게 포기한 것은 아닐까 하고 자책하는 마음도 살짝 들었다. 하지만 우리에겐 나름의 사정이 있고 각자의 방법으로 자연스레 성장해 가는 과정일 뿐이니까, 나는 또 내 길을 찾아가면 되니까. 다만 맥없이 멈춰 서 있을 때 나는 한 번쯤 박진주와의 대화를 떠올릴 것 같다.

tip
사진에는
어떤 분야가 있을까?

카메라 렌즈에 모든 것을 담을 수 있지만 어떤 것에 주목하느냐, 어떤 곳에 쓰이느냐에 따라 사진의 성격은 달라진다. 포토그래퍼의 세계에서는 그 분야가 구분되어 있고 각자의 재능과 취향을 발휘해 나름의 전문 분야를 만들어 간다. 박진주를 통해 다양한 포토그래퍼들에 대해 알아보고 각 분야에서 그가 좋아하는 사진 작가는 누구인지 알아봤다.

보도사진가   사진의 정수라고 할 수 있는 보도 사진, 다큐멘터리 사진 등을 촬영하는 사람을 통틀어 보도사진가라 한다. 간단하게 말하면 신문에 실리는 사진, 보도성 짙은 매거진 등에 실리는 사진을 찍을 뿐 아니라, 역사의 현장, 사건의 현장, 이슈가 있는 곳이라면 어디든 달려가 가장 먼저 보도해야 하는 목적을 가지고 있는 사람들이다. 보도사진가 분야에는 전 세계적인 국제 자유 보도 사진 작가 그룹, '매그넘'이 잘 알려져 있다. 매그넘은 1947년 로버트 카파, 앙리 카르티에 브레송, 데이비드 시무어, 조지 로저가 창립했으며 다큐멘터리 사진을 전문으로 하는 엘리트 집단이다. 국내에도 〈매그넘〉 사진전이 몇 차례 열린 바 있다. 박진주도 대학에서 다큐멘터리 사진을 전공했다.

스티브 맥커리 Steve McCurry
아프가니스탄, 카슈미르, 티베트, 미얀마 등 분쟁 지역을 다니며 필름에 전쟁의 아픔과 휴머니즘을 담은 20세기를 대표하는 포토저널리스트. 1950년 미국 필라델피아에서 태어나 건축학과 예술학을 전공하고 신문사에서 2년간 일하다 무작정 인도로 떠나면서 프리랜서 포토그래퍼로서 길을 걷기 시작했다. 인도에서 휴머니즘에 대한 진솔한 깨달음을 얻은 그는 "만약 당신이 시간의 여유를 갖고 기다린다면, 사람들은 당신의 카메라란 존재를 잊을 것이고, 사람들의 영혼이 사진 속으로 떠오를 것이다"라는 말을 해 많은 보도사진가들에게 귀감을 주었다. 예술의 미학도 함께 담고 있는 그의 사진은 다큐멘터리 사진 분야의 새로운 장을 열었다고 평가받고 있으며 그의 대표 작품으로는 '푸른 눈의 아프가니스탄 소녀'(1985) 등이 있다.

상업사진가   상품과 광고에 사용하는 사진을 찍는 사람들을 말한다. 패션, 뷰티, 인테리어, 요리 등 다양하게 그 분야가 나뉘어 있지만 상업 사진 중 패션 분야가 차지하는 비중이 크기에 상업 사진에서는 패션 사진과 그 이외의 것들로 분류하기도 한다. 박진주가 속해 있는 하우스 스튜디오 시스템은 모든 상업 사진을 아우르는 것으로 패션, 인테리어, 피쳐 등 분야의 경계 없이 사진을 찍는다. 그중 가장 대표적인 매거진 매체의 사진 분야에 대해 알아본다. 매거진 사진은 크게 패션, 뷰티, 피쳐 사진으로 나뉜다.

- **패션 사진** - 이 칼럼 사진은 특정 콘셉트를 잡아 패션 전문 모델이나 셀러브리티를 등장시켜 옷을 색다른 시각으로 표현하고 포토그래퍼 개개인의 감수성과 개성이 묻어나게 찍는 사진. 가장 트렌디한 패션 아이템을 보여주고 제안하는 패션 아이템 제품 사진으로 구성된다.

- **뷰티 사진** - 뷰티 브랜드의 신제품을 가장 먼저 홍보하고, 뷰티 모델을 등장시켜 메이크업을 제안하는 칼럼 사진이다. 화장품은 하나하나가 다 브랜드와 광고이기 때문에 사진과 책에 그 제품의 컬러가 제대로 표현되지 않으면 큰 문제가 생길 수 있다.

- **피쳐 사진** - 기사성 칼럼 사진으로 그 주인공은 패션 아이템이나 뷰티 제품이 아닌, 사람이다. 셀러브리티, 예술가, 학생 등 이슈의 주인공이라면 누구라도 등장할 수 있는 칼럼이며 사진가는 그들이 가진 고유한 느낌을 자신만의 개성으로 표현해야 한다.

애니 레보비츠 Annie Leibovitz

1949년 미국 태생으로 최고의 여성 상업사진 작가다. 자유분방하게 작업하길 좋아하는 그는 1970년대에 대중문화를 대표하는 잡지인 〈롤링스톤〉의 사진가로 일했고, 비틀즈의 멤버였던 존 레논이 사망하기 4시간 전 그와 그의 부인 오노 요코를 찍은 사진으로 더욱 유명해졌다. 그후 상업 사진의 정점에 있는 매거진 〈베니티페어〉, 〈보그〉 등으로 자리를 옮기며 헐리웃 톱 스타 조니 뎁, 톱 모델 나탈리아 보디아노바 등과 작업했고 미국 대통령 버락 오바마 등 유명인사들의 사진을 찍어왔다. 흥미로운 그의 일대기와 주변 인물의 인터뷰를 담은 다큐멘터리 영화 〈애니 레보비츠: 렌즈를 통해 들여다본 삶〉도 지난 2009년 국내에 개봉된 바 있다.

포토그래퍼를 꿈꾸는 사람들이 들어가 보면 좋은 사이트

포토잡과 포토빌은 포토그래퍼 구인, 구직이 가장 활발히 이뤄지고 있는 사이트로 구인, 구직 소식이 빠르게 업데이트된다.
www.photojob.co.kr
www.photovill.com

현재 가장 활발히 사진 일을 하고 있는 사람들의 소식과 가장 트렌디한 상업 사진을 보고 싶다면 포토그래퍼 에이전시 사이트에 가보는 것을 추천한다. 우리나라에는 테오, 보트 이렇게 두 곳의 에이전시 활동이 가장 대표적이다.

• 국내 에이전시
www.agencyteo.com
www.vott.co.kr

• 해외 에이전시
www.artandcommerce.com
www.mfilomeno.com
www.clmus.com

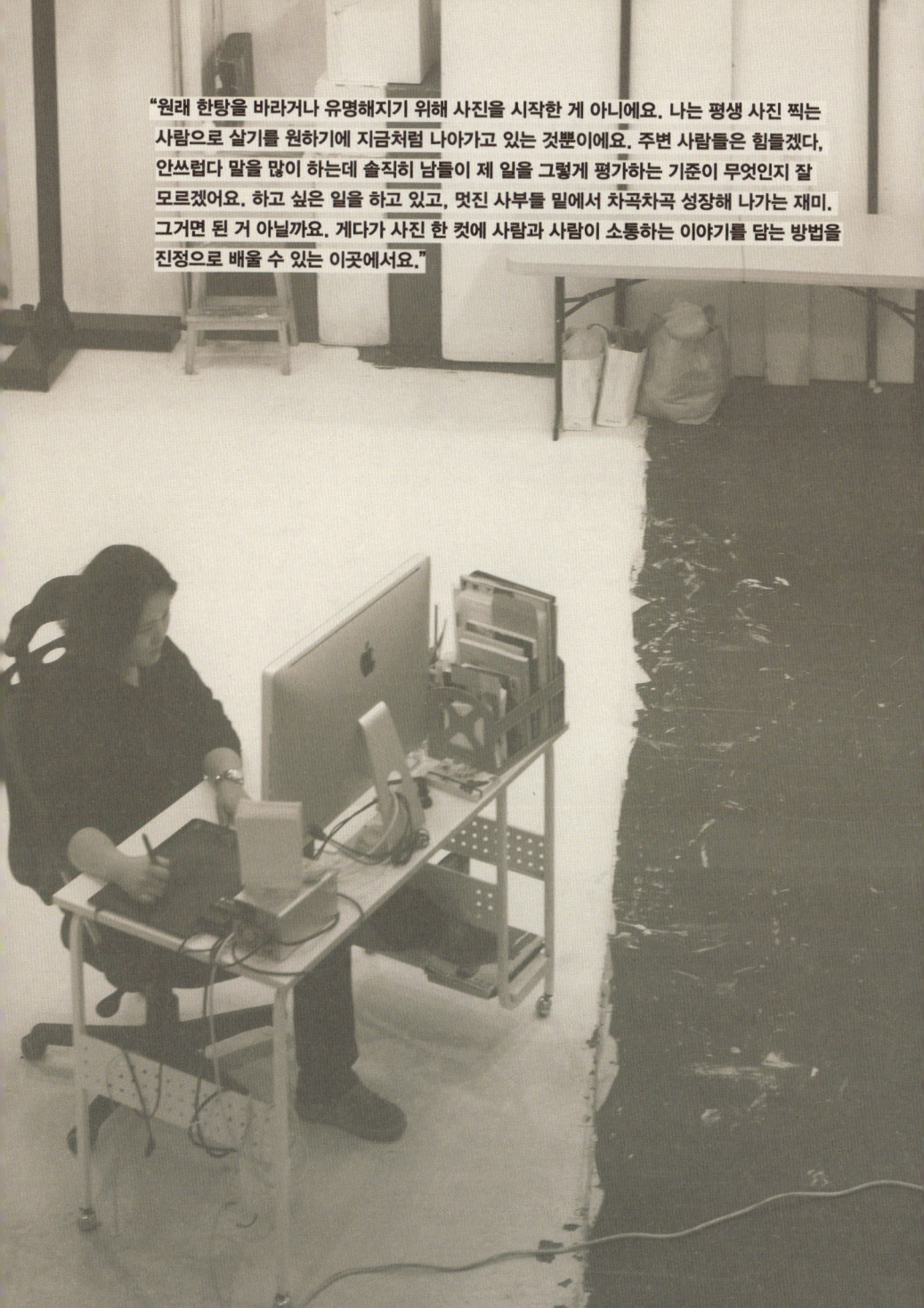

"원래 한탕을 바라거나 유명해지기 위해 사진을 시작한 게 아니에요. 나는 평생 사진 찍는 사람으로 살기를 원하기에 지금처럼 나아가고 있는 것뿐이에요. 주변 사람들은 힘들겠다, 안쓰럽다 말을 많이 하는데 솔직히 남들이 제 일을 그렇게 평가하는 기준이 무엇인지 잘 모르겠어요. 하고 싶은 일을 하고 있고, 멋진 사부들 밑에서 차곡차곡 성장해 나가는 재미. 그거면 된 거 아닐까요. 게다가 사진 한 컷에 사람과 사람이 소통하는 이야기를 담는 방법을 진정으로 배울 수 있는 이곳에서요."

06. 봄과 여름의 경계, 그 어디쯤에서

서울F&B
박현정 과장
(29세, 입사 6년차)

서울F&B

2005년 설립. 대표 오덕근. 강원도 횡성군 공근면 IT밸리에 위치해 있으며, 직원은 백 명이 조금 넘는다. 우유, 가공유, 발효유, 주스, 커피 음료 등을 생산하는 전문 유가공 제조업체다. '최고의 품질은 나로부터'라는 캐치프레이즈 아래 건강한 제품을 생산하기 위해 노력하고 있으며 농림수산식품부로부터 HACCP 인증을 받았다. OEM(주문자위탁생산)으로 대기업 제품을 주로 생산하고 있고, 2012년 9월 첫 자사 제품을 출시했다. 한 품목으로 시작해 현재는 40~60여 종의 제품을 생산하고 있으며, 매년 거의 두 배씩 성장하고 있다.

www.seoulfnb.com

박현정 기획관리부 과장

축산식품과학과(현 동물식품응용과학과) 재학 시절, 교수님으로부터 인턴을 제안 받았다. 그 제안이 서울F&B와의 인연의 시작이었다. 인턴 3주차 때 출시된 바나나 우유의 담당을 맡게 되면서 마음가짐이 남달라졌다. 맡은 프로젝트를 끝까지 책임지고 싶고, 더불어 서울F&B에 남고 싶다는 마음이 커진 것이다. 그는 직원이 스무 명 정도였을 때부터 지금에 이르기까지 서울F&B와 함께 성장해왔다. 처음 2년여간 품질관리부에서 일하다 지금은 기획관리부로 자리를 옮겨, 사장님 곁에서 경영을 배우며 재무와 회계 업무를 담당하고 있다.

배우는 기쁨,
함께하는 기쁨

**박현정의
이야기**

아~ 상쾌하다! 어젯밤 늦게 잠깐 비가 와서 그런지
오늘따라 공기가 더 맑구나.
이제 며칠만 있으면 6월이라 산은 그새 여름의 짙은
초록으로 물들어가고 있다. 그림처럼 아름답다는
말이 딱 어울리는 풍경이다. 그리고 그런 그림 같은
자연에 둘러싸인 우리 회사. 인턴으로 입사해 바나나
우유 출시와 함께 긴장하며 일했던 게 엊그제 같은데
벌써 6년차에 접어든다. 생각해 보면 우리 사장님도
참 대단하다. 겨우 인턴 3주차였던 내게 어떻게
바나나 우유 담당을 맡기셨을까? 생각해 볼수록
감사한 일이다. 그 프로젝트 덕분에 인턴을 마치고도
이곳에서 계속 일하고 싶어진 거나 마찬가지니까.

지금이라 솔직히 말하는 거지만 그 프로젝트가
없었더라도 당시 내가 이곳에 남기로 결정했을지는
의문이다. 일단 지금과는 너무 달랐던 공장 시설
때문이다. 대학 때 실습 다녀본 큰 공장들과는 달리

당시만 해도 우리 공장은 많은 부분이 수동으로 이루어졌다. 박스도 사람이 접고, 완성되어 나오는 제품 역시 사람이 직접 박스에 담았다. 사실 그때는 전 직원이 스무 명 정도였으니까. 게다가 대학만 졸업하면 취직은 꼭 서울에서 하리라 다짐했었는데, 여기는 강원도 횡성이라. 지금이야 이 맑은 공기와 푸른 산이 내 마음에 꼭 들지만, 그땐 조금 달랐다. 그런데 바나나 우유를 맡아 진행하며, 일에 재미도 느끼고 책임감도 생기고. 직원 수가 적은 만큼 가족처럼 잘 챙겨 주시고, 분위기도 좋고. 그러면서 차차 이곳에 정들었던 것 같다.

그러고 보니 인턴 때는 큰 탱크에 들어가 온몸 다 젖어가며 탱크 안을 닦은 적도 있었다. 그런데 서울F&B이기 때문에 가능한 경험들이, 몸소 체험하며 느끼는 교육이 난 참 좋았다. 자기 분야뿐 아니라 다른 분야를 경험해 보면서, 내 일만 힘들다는 생각에서 벗어나 힘들지 않은 분야가 없다는 것을 깨닫고 서로 더 이해하고 배려하는 법을 자연스럽게 배울 수 있었다. 그러면서 회사에 대한 애정도 쌓이고, 또 쌓이고. 처음엔 사장님이나 전무님까지 솔선수범해 공장 일을 돕는 모습에 놀라기도 했다.

"과장님, 이럴 땐 어떻게 해야 하죠?"
"이전 경우와 반대라고 생각해 봐.
반대인 경우는 어떻게 해야 할까?"
요즘 종종 느끼는 건데 사장님께서 내게 무언가 가르쳐 주실 때 늘 하시는 물음을 나도 어느새 따라 하고 있다. 스스로 답을 찾게 하는 되묻기

교육법이랄까? 후배의 질문에 문득문득 재무 관리 업무가 낯설고 어려워 힘들어 하던 때가 생각나곤 한다. 예전엔 정말 아무것도 몰라 헤매기 일쑤였는데, 시간만 간 건 아니구나. 다행이고 뿌듯하다. 이 친구들도 곧 나처럼 이런 생각을 하게 되겠지? 그땐 또 새로운, 더 어린 후배들이 서울F&B의 가족이 될 테고.

회사의 성장을 곁에서 지켜보며 그 성장에 일조했다는 생각에, 그리고 나 역시 함께 자라왔다는 생각에 새삼 기분 좋아질 때가 있다. 어느새 함께하는 사람들이 참 많아졌다. 그만큼 같이 일하는 재미도 커졌고. 끊임없이 배우고, 가르쳐 주는 기쁨도 느끼면서 서울F&B를 더욱 가득히 채워가고 싶다.

김정래가
만난
박현정

**인턴에서
6년차 박 과장이
되기까지**

강원도 횡성에 위치한 서울F&B는 솔직히 걱정 반 기대 반인 회사였다. 출발하기 전까지는 '서울에서 강원도까지 가려면 꽤 걸릴 텐데'라는 걱정과 '여행 겸 다녀오면 좋겠다'라는 기대가 마음에 반반 들어차 있었다. 그런데 막상 서울을 벗어나 차창 밖으로 푸른 산과 들이 시야에 들어오자, 그 풍경에 마음을 빼앗겨 걱정은 금방 잊게 되었다. 마치 강원도에 여행을 가는 것처럼 기분이 좋아져 인터뷰의 부담은 조금 내려 놓고 간만에 초록빛을 즐길 수 있었다. 봄과 여름의 경계에 선 나뭇잎들이 바람과 햇살을 만나 아름다웠다.

봄과 여름의 경계라. 흔히들 십 대 후반에서 이십 대까지, 혹은 삼십 대 초반까지를 푸른 봄, 청춘이라 일컫는 것 같다. 이제 막 무언가 시작되려는 희망찬 시기지만 움트고 깨어나려다 보니 어딘가 아리아리한, 그런 봄. 그리고 우리는 차차 인생의 가장 푸르고 무성한 시기인 여름을 맞이한다. 그런데 사실 이십 대 후반부터 삼십 대까지는 봄도 아니고 여름도 아닌, 봄과 여름의 경계, 그 어디쯤이 아닐까? 봄의 설렘도 없이, 여름의 분명한 색깔도 없이, 낮과 밤의 일교차를 묵묵히 견디며 조금씩 푸르러지고, 조금씩 무성해지고, 조금씩 단단해지는 그런 시기. 아직은 이룬 것도 모은 것도 없어 때로는 어리광 피우고 싶지만, 그러기엔 너무 나이 들어 참는 것이 맞다 생각하게 되는 그런 나이. 하지만 결국 그 시기가 여름의 짙은 초록빛을 만들어 내듯이, 이십 대 후반부터 삼십 대까지의 삶 또는 일에 대한 고민과 인내가 인생의 정점을 만들어 주는 것도 같다. 물론 내가 생각하는 정점은 화려한 성공을 의미하진 않는다. 그보다는 그간 생각하고 꿈꿔왔던 것들을 자신의 빛깔로 조금씩 이루어가기 시작하는 순간이다.

인터뷰 전날 밤, 서울F&B의 풍경을 곰곰이 떠올려봤다. 강원도 횡성의 유가공 제조업체라고 하니, 막연히 젖소가 풀을 뜯고 있는 목장 옆에 있지 않을까 생각하기도 했다. 그런데 도착해 보니 그건 나의 엄청난 착각이었다. 단지 맑은 하늘과 푸른 산을 벗삼았을 뿐 서울F&B의 말끔하고 커다란 건물만이 햇살을 받아 빛나고 있었다. 내부는 식품 공장답게 전체적으로 아주 깔끔한 인상이었다. 안내 받은 2층 회의실에 앉아 숨을 고르는 내게 "저희 제품이에요"라며 시원한 오렌지 주스 한 잔을 건네던 그가, 바로 서울F&B의 박현정이었다. 그는 지금 어디에 서 있을까? 봄일까, 여름일까, 혹은 그 경계일까?

"2007년 6월에 입사해 오는 6월이면 6년차에 접어들어요."
그는 교수님 추천으로 4학년 1학기를 마치고 5주 동안 서울F&B에서 인턴을 했다. 그가 입사할 때 서울F&B는 천안에 위치해 있었고 직원은 스무 명 정도였다. 자체 공장이 없어 여러 회사가 함께 쓰는 공장의 한 라인에서 한 가지 제품만 생산하고 있을 정도로 작은 규모였고. 그녀는 강원대학교 축산식품과학과 재학 시절 대기업의 유제품 제조 공장을 견학한 경험이 있었다. 그래서 처음 일하기 시작했을 때는 내심 여기가 공장인가 싶은 마음도 들었단다. 모든 작업이 자동으로 이루어지는 대기업의 공장과는 사뭇 달랐던 것이다.

"작은 가내수공업 분위기였어요. 음료를 담는 기계만 있었지 병도 사람이 넣고 박스도 사람이 접고."

이제 막 그의 이야기를 듣기 시작한 나는 벌써부터 의문이 생겼다. 그럼 왜 5주로 예정되어 있던 인턴을 마치고도 이곳에 남은 거지? 분명히 견학했던 대기업에 들어가고 싶은 마음이 있었을 텐데. 특별한 이유라도 있었던 걸까?

"3주차 때 서울우유의 바나나 우유를 출시하게 됐는데, 사장님께서 인턴인 제게 담당을 맡기셨어요. 인턴에게 담당을 맡긴다는 게 조금 신기하죠? 저희 사장님은 경력과 상관없이 키워서 내 사람을 만들자는 생각을 갖고 계세요. 그래서 실제로 경력직보다 신입을 선호하시는 편이고. 담당을 맡고 보니 더 열심히 해야겠다는 생각이 들었고, 인턴 기간이 끝났을 때 자연스럽게 회사에 더 남고 싶어졌어요. 책임자로서 끝까지 최선을 다하고 싶다는 마음이 커진 거죠."

하지만 그도 입사 초기엔 고민이 많았다. 좋은 계기로 일하게 됐지만 잘 알려진 회사가 아니라 한편으로는 아쉬운 마음도 들고, 너무 섣불리 결정한 것은 아닐까라는 생각이 들기도 했단다.

"학생 때는 다들 대기업만 알잖아요. 서울, 매일, 남양, 파스퇴르 같은. 대기업에서 나오는 제품은 다 거기서 생산하는 줄로만 알지 OEM은 모르니까요. 저도 이런 기업이 있다는 건 인턴을 하면서 알게 됐어요."

하긴 나도 도토루 커피를 여기서 만드는 줄은 꿈에도 몰랐으니. OEM이란 의뢰를 받은 기업에서 주문자의 요구에 따라 주문자 상표명으로 부품이나 완제품을 생산하는 것이란다. 많은 대기업들이 그렇다. 직접 생산하는 제품도 있지만 OEM 방식으로 생산하는 제품도 적지 않다. 서울F&B만 해도 '목장의 신선함이 살아있는 우유', '아침에 주스', '도토루 커피' 등 귀에 익숙한 제품 수십 종을 생산하고 있었다.

"아침마다 함께 외치는 구호가 있어요. 최고의 품질은 나로부터."
서울F&B는 늘 품질관리에 최선의 노력을 기울이고 있는 만큼 제품의 질을 자신할 수 있다는 그의 설명이 이어졌다. 과장다운 모습이라는 생각이 들었다. 하지만 그의 이야기를 들으며 뻔하다기보다 멋지다고 느낀 이유는 그의 말이 직원으로서의 형식적인 겉치장이 아닌 회사와 제품을 향한 진심 어린 애정으로 들렸기 때문이다. 친숙하면서도 왠지 낯선 단어가 하나 떠올랐다. 바로 애사심. 서울F&B는 어떻게 그의 마음을 얻은 걸까? 그와 이야기를 나누다 보면 애사심의 의미를 조금 더 분명히 알 수 있을까?
물론 다양한 상황이 영향을 주고 받으며 애사심을 만들었겠지만, 일단 내 생각에 그의 애사심은 회사의 성장을 체험하고 직접 그 성장에 기여할 수 있었던 상황에서 시작된 것 같다. 스무 명이었던 회사의 직원들이 백 명이 되기까지 회사의 성장을 지켜보며 함께 경력을 쌓을 수 있었다면, 더불어 자신이 회사에 꼭 필요한 존재로서 인정 받는다면, 누구든 애사심을 갖게 되지 않을까? 물론 그 성장의 과정을 버텨내기가 결코 쉬운 일은 아니겠지만.

품질관리부에서 기획관리부로?

그는 인턴을 마친 뒤 학교에 취업계를 내고 품질관리부에서 본격적인 업무를 시작했다. 주 업무는 제품이 담길 병의 인쇄 상태는 좋은지, 혼합될 각각의 내용물은 깨끗한지, 중간 과정들이 제대로 이루어지고 있는지, 완제품은 안전한지, 규격에 맞는지 등 모든 공정을 확인하고 관리하는 일이었다.

그리고 졸업 후에는 사장님의 권유와 회사의 지원으로 대학 전공과 연계해 대학원도 다녔다. 당시에는 명확한 규정이 없었지만 현재는 누구든 배움의 의지만 있다면 국립대 70%, 사립대 50%의 학비를 회사에서 지원해 주는 규정이 생겼다고 한다. 꽤 좋은 복지제도라고 생각했다. 그런데 조금 이상했다. 전공을 살려 품질관리부에서 일하기 시작한 그가 왜 지금은 기획관리부 과장인 걸까?

"천안에서 횡성으로 이전할 즈음 재무 관련 업무를 담당하던 분이 개인 사정으로 퇴사를 하게 됐어요. 회사가 급격히 성장하다 보니 이전을 해야 하는데 적당한 후임자는 나타나질 않고, 그런 상황이었어요. 그때 사장님께서 3개월만 이쪽 일을 해보면 어떻겠냐고 하시더라고요. 사실 처음엔 세 번을 거절했어요."

하지만 급박한 상황을 모른 체할 수 없었던 그는 결국 새로운 업무를 맡기로 했다. 직원 급여, 재무, 회계 등 이전과는 전혀 다른 업무를 하기 시작한 것이다. 게다가 인수인계 받은 이틀을 제외하면 대부분의 업무를 홀로 터득하며 처리할 수밖에 없었다. 그렇게 처음 1년은 혼자 일하다가 회사 규모가 커짐에 따라 직원을 충원하고 부서도 자리를 갖춰, 지금은 기획관리부의 과장으로 일을 하고 있는 것이다.

쉽지 않은 결정이었을 것 같다. 세 번 거절했다는 그의 마음을 충분히 공감할 수 있었다. 만약 나라면 어땠을까? 나 역시 처음엔 거절하지 않았을까? 일단 그간 생각해 오던 길과는 전혀 다른 길이니 망설여지고, 대학원까지 마쳤는데 공부한 게 아깝기도 하고. 하지만 한편으로는 당시 하고 있었던 일이 너무 힘든데 그렇다고 무턱대고 그만둘 수도 없는 상황이었다면, 그래서 뭔가 전환점이 필요한 시기였다면, 일단 덥석 물었을지 모르겠다는 생각도 든다. 의외로 적성에 맞는 새로운 길을 찾게 될지도 모르는 일이니까.

사실 이따금씩 전혀 다른 일을 해보고 싶을 때가 있었다. '아, 이런 골치 아픈 일 이제 그만하고 싶다'고 생각한 적도 있고, 마감에 쫓겨 새벽을 맞는 야근이 계속되면 '이 일을 언제까지 해야 하나, 과연 몇 살까지 야근을 버텨낼 수 있으려나'라는 생각도 했었다. 만약 그때 내게 누군가 전혀 다른 일을 해보지 않겠냐고 제안했다면, 난 받아들였을까?

그러나 그는 나와 같은 경우가 아니었던 것 같은데, 왜 3개월 후에도 품질관리부로 돌아가지 않았던 걸까? 지금이라도 돌아가고 싶은 마음은 없는지 궁금했다.

"3년차쯤 되었을 때, 그러니까 이전 일과 지금 하는 일의 경력이 반반 정도였을 때는 그래도 돌아가야 하지 않을까 고민을 많이 했어요. 하지만 지금은 특별히 돌아가고 싶진 않아요. 일단 사장님과 대화도 많이 하고 곁에서 경영도 배울 수 있어 좋은 기회라는 생각이 들거든요. 그리고 업무적으로 다른 회사와 함께 일할 기회가 많아 재미도 있고요."

대기업의 경우 설비 규모가 크기 때문에 수지 타산 면에서 새롭게 제품을 출시하기가 쉽지 않다고 한다. 일단 공장을 한 번 가동시키려면, 꽤 많은 양의 제품을 생산해야 하는 탓이다. 하지만 서울F&B의 경우엔 다품종 소량 생산이 가능해 다양한 종류의 제품을 생산할 수 있다. 덕분에 여러 대기업과 함께 제품을 생산하고 있고, 그에 따라 직원들은 다양한 경험을 쌓을 수 있는 것이다. 그리고 기획관리부의 과장인 그는 직접 다른 회사의 직원들을 만나 일을 진행할 기회가 많은데, 이 같은 업무에서 특히 일의 재미를 느끼고 있었다. 계속 품질관리부에 있었다면 경험할 수 없었던 업무다. 각 기업별 성향을 파악하는 것도 쏠쏠한 재미라고 이야기하는 그가 스물아홉 살이라는 나이를 떠나 베테랑 과장처럼 보였다.

생각의 폭을 넓히고 자신에게 맞는 회사를 택할 것

"요즘 취업하기 어렵잖아요. 제 동생도 곧 졸업이라 남 얘기 같지 않아요."
그는 주변 사람들에게 경험자로서 대기업과는 다른 작은 회사만의 장점이 뭔지 종종 이야기한다고 했다. 하지만 대개 그의 이야기에 공감은 하면서도 선뜻 작은 회사에 취업하기로 마음을 정하진 못 하는데, 그도 그 마음을 이해할 수 있단다. 대기업만 선호하는 사회 분위기를 그 역시 잘 알고 있기 때문이다. 다만 그는 사회의 인식뿐 아니라 개인의 인식 역시 변화해야 한다고 덧붙였다.

"생각의 폭을 넓히는 것이 중요해요. 요즘은 중소기업의 복지나 급여도 대기업 못지않아요. 게다가 작은 회사에서 일하면 틀에 박힌 업무를 맡기보다 자기 스스로 개척하며 역량을 발휘할 수 있기 때문에 배움의 기회가 더 많을 수도 있고요. 그리고 본인의 능력이나 상황을 고려하는 것도 중요해요. 취업이 쉽지 않은 상황에서 언제까지는 반드시 취업을 해야겠다고 마음을 정하면, 자연스레 작은 회사도 눈에 들어오기 시작하죠. 어떻게 보면 한계를 느꼈다고 표현할 수도 있겠지만 그런 결정이 오히려 좋은 기회가 될 수도 있어요. 긍정적으로 생각하면서 선택의 폭을 넓히라고 조언하고 싶어요."
작은 회사에서 일하는 선배로서 조언을 부탁하니, 소신껏 자신의 생각을 펼쳐 보였다.
대기업에 다니는 것을 무조건 지지한다 혹은 반대한다고 생각할 것이 아니라 자신의 가치 또는 성향과 맞느냐 그렇지 않느냐의 관점에서 바라보아야 한다고 생각하는데, 이야기를 들으며 그 역시 비슷한 생각을 갖고 있어 반가웠다. 그리고 그는 덧붙여 동료의 이야기를 들려 주었다.

"대기업에 다녀도 자신과 맞지 않아 힘들어 하는 사람들이 있더라고요."

3년차인 다른 부서의 동료는 같은 학교 같은 학과 선배로 그와 동시에 졸업을 했다. 그때 그는 인턴 6개월차로 이곳에 바로 취직했고, 동료는 누구나 알 만한 대기업에 입사했다. 당시엔 그 동료가 모두의 부러움을 받는, 한마디로 같은 학과 졸업생 중 잘된 경우였다. 하지만 회사 구조나 시스템이 본인과 잘 맞지 않아 힘들어 하다가 결국 1년만에 퇴사를 결심하게 됐다고 한다. 마침 그때 서울F&B에 같은 업무를 할 수 있는 자리가 비어서 그가 입사를 권유했단다. 그리고 동료는 올해로 이곳에 입사한 지 어느덧 3년이 되었다.

그와 이야기를 나누면 나눌수록 그의 회사를 향한 믿음과 일을 향한 애정이 느껴졌다. 일을 하다 보면 즐거운 날뿐만 아니라 힘든 날도 많이 있을 텐데, 무엇이 그를 이처럼 회사와 일에 애정을 갖도록 만드는 걸까?

"자기 만족인 것 같아요. 일을 잘 몰랐을 때는 물어보기만 했는데, 어느덧 6년차가 되면서 후배들의 이야기를 듣고 같이 문제를 해결해 줄 수 있게 되었어요. 그럴 때마다 제가 꼭 필요한 사람이 되었다는 생각에 일이 더 즐거워져요. 후배들과 함께 제품을 만들고 일하는 재미가 있죠. 또 한편으로는 여전히 배울 수 있는 부분도 많고요. 채워나가야겠다는 마음이 저를 더욱 힘내서 일하게 만들어요. 회사와 같이 성장하다 보니 저도 모르게 이런 애사심이 생긴 것 같아요. 가끔 직원들이 오버한다며 놀리기도 하지만, 다 제 손을 거친 거니까 저도 모르게 회사 일 하나하나에 애착을 갖게 되는 것 같아요."

인터뷰가 끝나갈 무렵, 결국 그의 대답에서 애사심이란 단어를 직접 들을 수 있었다. 회사를 사랑하는 마음이라. 조금은 낯간지러운 이 단어는 서로를 존중하며 함께하는 재미, 그리고 함께 성장해 가는 시간에서 비롯되는 것 같다.

회사를 그만둔 날 밤 썼던 일기의 일부다. '나의 스물일곱과 스물여덟과 스물아홉의 반. 생각보다 짧아졌지만 결코 짧지 않았던 시간. 그러나 한편으론 유수 같이 흐른 시간. 시원하고 섭섭하다는 말이 딱 어울리는 그런 기분이다. 나는 여전히 어리고, 작년엔 더 어렸고, 재작년엔 더 더 어렸기에 이런저런 실수들을 했지만, 최선을 다했고, 많이 경험하고 느꼈으며, 그만큼 배우고 자란 것 같다.'

직장이란 혹은 일이란, 인생이라는 계절을 살아내며 만나는 친구라는 생각이 든다. 스쳐 지나가는 사람이 아닌 친구 말이다. 그러니 단지 유명한 사람이나 잘나가는 사람보다는 자신과 잘 맞는, 자신의 마음을 내어 주기에 아깝지 않은 사람이 친구로서 적격이지 않을까? 조만간 새로운 일을 하게 될지도 모르겠다. 이번에도 역시 어려울 테고 실수도 하겠지만, 속 깊이 친구를 사귀며 그 친구를 통해 세상을 보다 잘 이해하고 헤아릴 수 있게 되었으면 좋겠다.

인생이라는 계절의 봄을 지나고 있는 지금, 좋은 친구를 만나 그 친구와 함께 때로는 아파하고 즐거워하며, 한 계절 한 계절의 진면목을 깊이 알아가고 싶다. 그리고 언젠가 짙푸른 여름을 맞이하고 싶다.

tip
요구르트는
어떻게 만들까?

많은 음료 가운데서도 특히 요구르트는 건강에 좋은 유산균 음료로서 여러 연령층의 사랑을 받고 있는 품목이다. 그런데 정작 이 요구르트가 어떻게 만들어지는지, 왜 건강에 좋은지 주의 깊게 생각해 본 사람은 없지 않을까? 유제품 전문가 박현정에게 물었다. 서울F&B의 대표 상품인 요구르트는 과연 어떤 과정을 거쳐 만들어지는 걸까?

STEP 1 .... **계량 및 수유 검사**
먼저 원유를 계량한다. 이때 원유는 탱크 전체의 무게를 측정하고, 원유를 싣고 난 후의 무게를 측정한 뒤 그 차이로 계량한다. 그리고 계량된 원유가 원료로서 적당한지 외관, 온도, 성분, 세균 수, 항생물질 등을 검사한다. 검사 후에는 이물질을 걸러주는 필터 또는 청결기를 통과시키고 냉각시킨다.

STEP 2 .... **혼합**
원유와 기타 제품에 따른 원재료를 순서대로 혼합한다.

STEP 3 .... **균질**
균질은 유지방을 잘게 부수는 과정이다. 가공되지 않은 원유의 유지방 크기는 가지각색으로, 이를 그대로 보존하면 유지방이 표면에 떠올라 크림층을 형성하게 된다. 그런데 크림층을 형성하면 지방의 산화가 쉽게 이루어질 뿐 아니라, 아래에 있는 우유도 부드러운 맛을 잃게 된다.

균질의 과정에서 강한 압력에 의해 입자가 균일해진 원유는, 마실 때 부드럽고 단백질의 연화에 의해 소화 흡수가 잘된다는 장점을 지닌다. 원유뿐 아니라 각종 원재료들의 입자도 균일하게 만들어 제품의 성분과 질을 균등하게 한다.

STEP 4 — 가열 살균, 냉각
원유를 가열 살균한 뒤 배양탱크로 이송한다. 그리고 이송된 원유를 유산균이 자라기 좋은 적정 온도로 냉각시킨다.

STEP 5 — 유산균 접종 및 배양
적정 온도에서 원유에 유산균을 접종한 뒤, 일정 시간 동안 온도를 유지하며 유산균을 원하는 정도까지 배양해 요구르트를 만든다.

STEP 6 — 시럽 제조 및 투입
유산균에 의해 요구르트가 만들어지는 동안 시럽 원재료들을 혼합하여 살균한다. 그리고 배양이 종료되면 요구르트에 시럽을 넣어 혼합한다.

STEP 7 — 충진 및 포장
충진은 용기에 내용물을 채우는 과정이다. 충진 후 밀봉된 제품에 유통기한을 인쇄하면 제품이 완성된다.

STEP 8 — 냉장 보관
제품은 검사 결과를 기다리는 동안 5℃ 이하 냉장 창고에 보관한다.

STEP 9 — 제품 검사
완성된 제품은 미생물 검사 등의 여러 과정을 거친다. 모든 검사에서 적합하다는 판정을 얻어야 제품으로 출하할 수 있다.

STEP 10 — 출하
합격 판정된 제품은 냉장차를 이용해 출하한다.

**발효유와
유산균 음료의
차이점은?**

유산균 음료는 일종의 청량음료로서, 유산균 발효액을 희석한 뒤 과즙, 과육, 향료 등을 첨가한 음료다. 이에 반해 발효유는 고농도 유산균이나 효모 등으로 우유를 발효시킨 유제품으로서, 농후발효유(떠먹는 요구르트, 드링크 요구르트)와 발효유(액상 요구르트)가 이에 속한다. 그렇기 때문에 발효유는 유산균 음료보다 유산균 함량 기준이 훨씬 높다. 농후발효유의 유산균 함유량은 유산균 1억/1㎖ 이상, 발효유는 1000만/1㎖ 이상이다. 한편 유산균 음료의 유산균 함유량은 100만/1㎖ 이상이다.

• 보다 자세한 내용은 서울F&B 홈페이지 참고.
www.seoulfnb.com

"일을 잘 몰랐을 때는 물어보기만 했는데, 어느덧 6년차가 되면서 후배들의 이야기를 듣고 같이 문제를 해결해 줄 수 있게 됐어요. 그럴 때마다 제가 꼭 필요한 사람이 되었다는 생각에 일이 더 즐거워져요. 후배들과 함께 제품을 만들고 일하는 재미가 있죠. 또 한편으로는 여전히 배울 수 있는 부분도 많고요. 채워나가야겠다는 마음이 저를 더욱 힘내서 일하게 만들어요. 회사와 같이 성장하다 보니 저도 모르게 이런 애사심이 생긴 것 같아요. 다 제 손을 거친 거니까 저도 모르게 회사 일 하나하나에 애착을 갖게 되나 봐요."

chapter
4

나는 조금 다른 간다
     길을

07. 매일매일 다름을 만나며
내 색을 찾는 길

땡스북스
김욱 실장
(35세, 공동창업 2년차)

동네서점 땡스북스/땡스북스스튜디오

서울 홍대에 위치한 동네서점이자 디자인 스튜디오다. 땡스북스는 2011년, 그래픽 디자이너이자 동화작가 이기섭 대표와 그래픽 디자이너 김욱 실장이 새로운 문화를 경험할 수 있는 동네 서점을 만들어보자고 의기투합해 문을 열었다. 그리고 시작한 지 6개월 후 그들이 디자이너로서 활동할 공간인 땡스북스스튜디오도 오픈해, 디자인 스튜디오와 서점을 함께하는 독특한 구조로 운영하고 있다. 특히 동네서점 땡스북스는 그들만의 색깔로 선정한 책과 디자인 문구, 소규모 기획 전시 등으로 출판계와 여러 언론매체의 관심은 물론 동네 사람들의 사랑을 받고 있다. 올해 초, 신사동 가로수길에 위치한 A LAND에 땡스북스 컬렉션을 입점했다.
www.thanksbooks.com

김욱 동네서점 땡스북스 점장, 땡스북스 스튜디오 실장

사회 생활 9년차로 접어든 그래픽 디자이너이자 동네서점 땡스북스의 점장이다. 시각 디자인을 전공하고 디자인 스튜디오의 그래픽 디자이너, 기획사의 인하우스 디자이너를 거치며 각종 기업물과 브랜딩, 북 디자인 등을 해왔다. 프리랜서로 활동하던 시절에는 이기섭 대표와 함께 그래픽 디자인의 기초를 배울 수 있는 책 〈일러스트레이터, 그래픽 디자인〉(안그라픽스, 2010)도 썼다. 여전히 디자이너로서 활동하고 있지만 커피와 책 등 다양한 문화에 관심이 많은 그에게 동네서점 땡스북스 일은 즐겁고 색다른 모험이다.

한 권의 책에
분명한 색을 입히기 위한 여행

**김욱의
이야기**

서점 가득 고소한 커피 향이 난다. 커피 향이 책 냄새와 어우러지는 느낌이 좋다. 서점 문을 연 지 1년이 넘었고 매일 아침 서점 영업을 시작하는 일은 이제 매니저 혜영 씨가 주로 맡아 하는 일이지만 오늘처럼 내가 먼저 나와서 준비해야 하는 날도 있다. 그럴 때면 가끔 땡스북스를 처음 준비할 때의 일들이 떠오른다.

"문화가 공존하는 동네 서점을 열자"고 대표님과 함께 의견을 모은 후 두 달간 우리는 영업 개시를 위한 준비에 여념이 없었다. 다양한 이야기와 감성을 전해주는 책에게 고맙다는 의미로 '땡스북스'라고 이름을 정하고 브랜딩을 위한 디자인부터 어떤 책을 입고할 것인지 매일매일 이야기를 나누고 작업하는 과정은 참 즐거웠다.
카페도 함께하는 서점이기에 메뉴를 만드는 일도 하나의 중요한 업무였다. 커피를 좋아하지만

에스프레소 머신을 다루는 것은 처음 해보는
일이었고 카페의 다양한 메뉴를 만들어 내는 것은
더더욱 생소한 경험이었다. 종류도 맛도 무척이나
다양한 원두 중에 땡스북스와 어울리는 것을 찾는 일
역시 쉬운 일은 아니었다.
여러 업체의 커피를 시음하고 드디어 커피 원두를
수입, 판매하는 업체를 결정했던 순간은 아직도
생생하다. '나는 좋은데, 다른 사람에게도 과연 이게
맛있을까?' 하는 의심은 계속 들었지만 말이다.
오픈한 첫날, 손님에게 내가 손수 고른 원두로 내린
커피를 주었을 때 "커피가 참 맛있다"라는 이야기를
들었다. 참 기쁘고 고마웠다.
디자인이 전부였던 나는 그렇게 서점의 점장이
되었다. 사회 생활을 시작한 이후, 그래픽

디자이너로서 살아왔고 여전히 그러하지만 지금은
이전에 비해 확실히 다른 일상이 펼쳐지고 있다.
매일이 다채롭다. 몸은 하나인데 컴퓨터의 화면 가득
여러 창을 띄워두고 바쁘게 옮겨 다니면서 디자이너와
점장의 역할을 하루에도 수십 번 넘나든다.

내 하루는 보통 이렇다. 아침 여덟 시 반, 출근 버스에
올라 서점 계정의 SNS를 확인한다. 서점에 대한
사람들의 반응을 살필 수 있는 중요한 시간이다.
열 시에 사무실에 도착하면 직원 디자이너 두 명과
스케줄을 공유하고 작업 진행 상황을 확인한다.
이렇게 스튜디오로 바로 출근하는 때도 있지만
매니저가 쉬는 날이면 서점으로 먼저 출근하는 경우도
있다. 시간에 맞춰 문을 열고, 에스프레소 머신을 켜서
미리 예열하는 일도 중요하기 때문이다.
오후에는 주로 사람들을 만난다. 디자이너로서
기획자들과 만나기도 하고 서점 점장으로서
출판사 편집자나 마케터들도 만난다. 새로 들어올
책을 땡스북스 스태프들과 함께 선정하고 매대를
효율적으로 구성하는 일, 정기적으로 전시를 기획하는
일도 서점에서 내가 참여해야 하는 중요한 일이다.
아, 은행에도 자주 간다. 서점과 스튜디오의 재무도
내가 담당하고 있다. 이 일은 진짜 처음 접해본

영역이라 많이 어렵지만 매출내역에 수를 입력해 딱,
금액이 맞는 순간의 기쁨을 새로 맛보고 있다.
그리고, 저녁이 되어서야 비로소 나는 온전히
디자이너가 된다.

어둑한 저녁, 지금 나는 스튜디오에 디자이너로서
앉아 있다. 이제부터 새로 맡은 책의 디자인을
시작하려 한다. 디자인 의뢰가 들어왔을 때 받은
원고는 며칠 전부터 틈틈이 읽었다. 디자인의
콘셉트를 어떻게 가져가면 좋을지 생각하기 위해서
꼭 필요한 과정이다.
책 디자인이라는 것은 그 책이 담고 있는 이야기를
함축적으로 보여주는 일이다. 그리고 다양한
이야기들이 묶여 조화로운 색을 갖도록 하나의
그릇을 만드는 작업이다.
새로운 책을 디자인 할 때마다 새로운 경험이
쌓이는 이 일이 좋다. 그리고 가끔 이 일이 마치 내가
가고자 하는 방향과 닮아 있다는 생각도 한다. 나는
색이 분명한 사람, 디자이너가 되고 싶다. 지금은
매일매일이 다양한 업무의 연속이지만 그 일상이 모여
언젠가는 분명한 색을 가진 한 권의 책처럼 될 수
있지 않을까? 그렇게 믿는다.

땡스북스 김욱

전민진이
만난
김욱

나는 지금
어디로 가고 있는가

나는 이것저것 메모하는 일, 친구들과 사소한 것을 가지고 말도 안되는 상상을 하는 일을 좋아했다. 그러던 중 학과 수업에서 TV 프로그램을 기획하는 과제가 주어져 평소 친구들과 이야기하던 것들로 기획서를 작성했다. 처음으로 교수님을 비롯한 모두에게 잘했다는 칭찬을 받았다. 굉장히 기뻤다. 그 일을 계기로 방송국 PD가 되고 싶다는 꿈을 잠시 꾸었다. 하지만 언론고시를 준비하는 선배들이 힘들어 하는 모습을 보며 일찍이 마음을 접었다. 그 거대한 벽을 넘을 자신이 없었기 때문이다.

대신 나는 콘텐츠 기획자가 되어야겠다는 방향을 얻었다. 그 콘텐츠가 무엇인지는 막연했는데 뚜렷한 방향을 찾지 못해 취업을 준비하는 몇 달 동안 많이 헤맸다. 그래서 나는 '기획'이라는 단어가 들어간 직종이라면 무작정 이력서를 넣었지만 내 스스로 방향을 모르니 붙을 리가 없었다.

그러던 중, 우연히 지난 나의 회사를 찾았다. 하나의 핵심 콘셉트를 잡으면 다양한 가지로 이야기가 뻗어 나갈 수 있다는 생각으로, 다양한 콘텐츠를 기획하고 제작하는 브랜드 스토리텔링 회사였다. 나는 회사 채용 공고를 찾자마자 '여기다!' 하는 확신이 들었고 열심히 준비해 입사에 성공했다.

"너 요즘 하는 일이 뭐야?"

회사를 다니던 내내 사람들을 만나면 꼭 듣는 질문이었는데 늘 설명하기가 수월치 않았다. 어느 때는 취재를 다녀와 원고를 썼고, 어느 날은 웹 사이트를 기획하는 데 집중했다. 오프라인 프로모션 행사 진행을 돕기도 했고 회사에서 운영하던 갤러리의 전시 기획에도 참여했다. 그 모든 것이 기획하는 일이라 나는 '기획자로 일한다'라고만 간단하게 대답하고 싶었는데 "무슨 기획?"이라는 질문은 어김없이 따라왔다.

그토록 설명이 쉽지 않았던 만큼 개인적으로도 다양한 일을 해내는 것이 그리 쉽지는 않았다. 매일매일이 새로운 일의 연속이라 즐겁기도 했지만 작은 회사 안에서 많은 일을 하며, 가끔은 내가 지금 어디로 가고 있는 것인지 의문이 들 때도 있었다. 하지만 나만의 방향을 찾기 위해 지켜야 할 소중한 시간이라는 것은 잘 알고 있었다. 물론 선배들과 동료들에게 '어려워요, 힘들어요, 도와주세요!' 하며 하소연을 늘어 놓긴 했지만 말이다.

나는 그 당시 같은 회사의 디자인팀에 있던 김욱에게도 하소연 했다. 어느 가을날 회사 옥상에서의 일이다. 그때 그는 나에게 "힘들고 바빠도 소소한 여유는 찾아가며 일하세요. 그럴 수 있어요"라고 말해주었다. 그의 따뜻한 말에 큰 위로를 받았다. 그런데 이제는 내가 그에게 위로를 건네야 할지 모른다. 김욱을 만났다.

그래픽 디자이너로의 방향을 찾기까지

그리 긴 시간은 아니지만 함께 일하면서 내가 보아온 김욱은 디자이너라는 직업이 아주 잘 어울리는 사람이었다. 그래픽 디자이너로서 갖춰야 할 정확함과 깔끔함, 컴퓨터와 프로그램들을 능숙하게 다루는 그의 모습을 늘 감탄하는 눈빛으로 바라봤다. 기획자로서 생각한 콘텐츠를 대체 어떠한 디자인 콘셉트로 풀 수 있을지 막막할 때 김욱은 특유의 상상력과 직관을 발휘해 문제를 현실적으로 해결해주었다.

어느 날, 그가 서점 점장이 되었다는 소식을 들었다. 이기섭 대표와 함께 동네 서점을 기획하고 있다는 사실은 알았지만 그가 점장 역할을 할 줄은 꿈에도 몰랐다. 땡스북스가 오픈하자마자 달려갔더니 정말 그는 '땡스북스 점장 김욱'이라고 찍힌 명함을 주었다.
그 후 땡스북스에 들를 때면 참 생경한 광경이 내 눈앞에 펼쳐졌다. 서점 한 켠 테이블에 앉아 열심히 디자인 작업을 하던 그가 갑자기 일어서서 손님을 위해 커피를 내렸고, 책을 읽다 문득 고개를 들면 그가 책을 정리하는 모습도 볼 수 있었다. 진정한 멀티태스킹이란 바로 저런 거구나! 감탄하다가 농담 반, 진담 반 이렇게 묻고 싶었다.
"대체 정체가 뭡니까?"
"그래픽 디자이너이자 서점 점장이죠."
오랜만에 만난 자리에서 그는 이렇게 깔끔하게 대답했다. 알고는 있지만 그 역할 조합이 아직도 신선하다. 나는 그만큼 김욱을 남들과는 조금 다른 길을 가는 사람으로서 인식했나 보다. 사실 디자이너가 디자인 스튜디오를 운영하며 동네 서점도 함께 경영하는 일은 좀처럼 보지 못한 광경이기도 했다. 김욱이 어떻게 이러한 방향으로 오게 되었는지 그동안은 듣지 못했던 이야기를 들을 수 있었다.

김욱은 시각 디자인을 전공했다. 어렸을 때부터 미술에 소질이 있었지만 이과 출신으로 이공계열 대학에 진학을 하려고 했던 그가 시각 디자인을 전공하기까지는 많은 어려움이 있었다. 아들이 평범하게 이과계열로 진학해 보통 회사원의 삶을 살았으면 하는 부모님의 기대 때문이었다. 하지만 그는 자신이 진짜 좋아하는 일을 찾았기에 짧은 준비 기간이었지만 최선을 다했다. 그렇게 진정 무언가를 좋아하는 마음은 대학 생활 내내 그를 새로운 시도로 이끌었다.

"미대 입시를 준비한 기간이 9개월 정도로 좀 짧았어요. 그때 데생에만 매달렸었는데, 덕분에 대학에 입학하고서 미술학원의 추천으로 데생 강사를 할 수 있었어요. 그런데 학원 강사라는 직업이 잘 맞지는 않더라고요. 말한 것처럼 저는 일찍부터 미술을 시작하지 않았어요. 그래서 대학 시절 가능한 많은 경험을 하며 부족한 경험치를 빨리 메우고 싶었죠. 4년 내내 아르바이트를 할 때 제 나름대로 한 가지 규칙을 정했어요. '디자인과 관련한 일을 한다'는 것이었죠. 인쇄물 편집 디자인을 비롯해 패키지 디자인에서 웹 디자인 아르바이트까지 다양한 것을 경험했어요. 디자인에도 여러 직업군이 있잖아요. 많은 것을 체험해 보면서 조금씩 방향을 좁혀 나가는 과정이었죠." 그러다 그는 학교에서 발행한 책 〈나비〉를 디자인하면서 편집 디자인이 자신에게 가장 잘 맞는다는 것을 깨달았다. 독서를 좋아하시는 부모님 덕에 어렸을 때부터 책에 둘러싸여 살았던 그에게는 글을 읽고 정리해 디자인하는 것이 가장 자연스러운 일이었다.

남다른 인연과 땡스북스, 조금 다른 길의 시작

"처음부터 북 디자인 일로 시작하지는 않았어요. 그래픽 디자인이라는 영역

자체에 관심이 많았기 때문에 먼저 다양한 경험을 해보는 게 필요하다고 생각했죠. 첫 직장에서는 기업 브랜딩을 위한 그래픽 디자인과 매거진 디자인을 하며 많이 배웠어요."

그의 첫 직장은 눈디자인이라는 회사였다. 당시 그래픽 디자인계에서 유명세를 떨치던 세 명의 디자이너, 이기섭과 김두섭, 민병걸이 함께 세운 회사로 화제가 된 곳이기도 했다. 지금 땡스북스의 이기섭 대표를 바로 그곳에서 만났다.

"사실 눈디자인에서 일한 기간은 1년 반 정도로 그렇게 길지 않았거든요. 그런데 대표님과는 계속 인연이 닿았어요. 덕분에 프리랜서 시절에 두 번째 직장인 브랜드 스토리텔링 회사를 소개 받았고 인하우스 디자이너로도 일해 볼 수 있었죠."

프리랜서로 일하던 그가 작은 브랜드 스토리텔링 회사의 인하우스 디자이너를 선택한 것도 나름의 도전이었다. 회사가 하는 거의 모든 프로젝트의 디자인을 해내야 했기에 프리랜서 때처럼 하고 싶은 일만 골라 할 수는 없었다.

"아무리 프리랜서라도 하고 싶은 일만 할 수는 없지만 확실히 빈도는 덜하죠. 하지만 하기 싫은 걸 해내는 경험도 중요하다고 봐요. 내 스스로의 한계를 넘어서는 일이기도 하니까요."

그는 그렇게 디자인 영역이라는 한 가지 방향 안에서 다양한 도전을 해나갔다. 책을 함께 써보지 않겠냐는 이기섭 대표의 제안도 그래서 반가웠다. 마침 디자인 하는 일이란 무엇인가를 고민하고 있던 때이기도 했고 한층 새로운 일에 도전해 보고 싶다는 마음도 들었기 때문이다.

〈일러스트레이터 그래픽 디자인〉이라는 책인데 그래픽 디자인의 기초를 통해 디자인 프로그램을 배울 수 있게 한 책이었어요. 잘 알고 있기도 했지만 저도 다시 이론적으로 정리할 수 있는 기회였죠."
하지만 책을 진득하게 쓰기 위해서는 회사를 그만두는 게 좋겠다는 결심이 섰다.

"그렇게 책을 쓰고 나서, 어떻게 갑자기 동네 서점 만들기에 참여하게 된 거예요?"
"이기섭 대표님과 책을 쓰면서 서로 잘 맞는 사이라는 것을 다시 한번 느끼게 되었어요. 그래서 이후에 자연스럽게 어떤 프로젝트를 할까 또 함께 고민하게 되었죠."
그때 마침 디자인 전문 갤러리 '더갤러리'의 이경혜 관장이 이기섭 대표에게, 원래 갤러리 카페로 사용하던 공간을 더 재미있는 공간으로 만들고 싶다고 이야기했다. 이기섭과 김욱은 계속해서 아이템을 찾고, 고민했다.
"우리가 가장 좋아하는 게 뭘까를 떠올려봤어요. 좋아하기도 하고 가장 가까이 있기도 한 게 책이더라고요. 홍대에는 다양한 문화가 공존하지만 디자인 서점 이외에 일반 도서를 선별해 파는 곳은 없었어요. 책을 통해 다양한 문화를 접할 수 있는 기회가 이 동네에서는 그만큼 없었다는 이야기죠."
동네 서점이 자꾸 사라지는 이 시기에 그들은 동네 사람들과 문화를 함께 나누고 싶어 오히려 동네 서점을 차렸다. 디자이너로서 기업 브랜딩을 해온 이기섭과 김욱은 무엇이든 브랜딩이 중요하다는 것을 알았기에 서점에 확실하고 남다른 색을 입히는 데 주력했다.
"처음에는 디자인 서점이 아니냐는 오해도 많이 받았어요. 디자이너들이 연 서점이니 그럴만도 했죠. 하지만 계속해서 우리는 여러 분야의 책을 선보였고 서점 한 켠에서 디자인 서적에 관련한 전시뿐 아니라 작가들 책 전시 등 작은 전시들도 함께 병행했죠."
그렇게 동네 서점의 패러다임을 바꾼 땡스북스는 1년만에 신사동 A LAND 에 두 번째 매장인 땡스북스 컬렉션을 입점할 정도로 성장했다. 그리고 처음 시작할 때 다짐했던 '동네 사람들과 문화를 함께 공유하겠다'는 목표를 현실로 만들고 있다.

"근데 디자이너로도 일하고 계시잖아요. 솔직히 저는 '땡스북스스튜디오'를 서점 시작 6개월만에 시작한다고 하셨을 때 많이 놀랐어요. 그렇지 않아도 전혀 새로운 일에 적응하느라 힘들었을 텐데요."
"디자인 스튜디오를 병행할 생각은 서점 시작할 때부터 했어요. 서점 준비와 디자인 일을 같이 하기도 했었고요. 다만 독립된 스튜디오 공간을 만드는 시기가 좀 빨리 온 거죠. 저희는 디자인 하는 사람들이잖아요. 그러니 디자인 작업을 놓을 수가 없었죠."

무림 고수 되기

멀티태스킹의 달인 김욱의 모습을 본격적으로 본 게 바로 그때부터다. 디자인 스튜디오 실장 직함을 달게 되면서 그나마 있던 여유를 즐길 틈도 없어 보였다. 직원으로 디자이너 두 명을 더 뽑았지만 직원 관리라는 또 다른 과제도 주어졌다. 나에게 '바빠도 여유를 찾으며 일하라'고 위로했던 그는 지금 과연 그럴 수 있을까.
"여유는 마음의 문제라고 생각해요. 저도 계속 노력하고 있고요. 사실 정말 바빠요. 매 순간이 선택과 판단이죠. 디자이너로서, 도서 MD와 서점 점장으로서, 사람들을 만나는 한 인간으로서 말예요. 그 모든 게 뒤섞여 정신없지만 가끔 어느 순간 제가 확 뛰어 넘었구나 싶을 때가 있어요. 그러면 일하는 것이나 마음에도 점차 여유가 생기죠."

김욱은 그와 관련해 재미있는 이야기를 하나 들려줬다.
"무협지나 영화에 비교해 보자면 이런 거죠. 무협지의 주인공은 보통 체계적인 도장에서 배운 엘리트 캐릭터가 아니에요. 어쩌다 은둔형 고수를 만나 온갖 고생은 다해가며 힘들게 배우는 캐릭터가 주인공이죠. 처음에는 체계적으로 배운 주조연급 상대를 만나 싸우다 마구 얻어 터지죠. 그렇게 시행착오를 겪으며 더 강도 높은 훈련을 하다가 어느 순간 혈이 뚫리는 거예요. 결국 그는 무림 고수가 되는 거죠."
나는 그 이야기를 큰 기업과 작은 기업을 빗대어 이해할 수도 있겠다 싶어 질문했고 그는 이렇게 답했다.
"음 그럴 수도 있겠네요. 하지만 누구에게든 직업이나 회사를 선택하는 개인적인 취향이 있고 생각이 다 다르니 그리 정확한 비유는 아니죠. 각자 맡은 자리에서 누구나 고수가 될 수는 있으니까요. 다만 큰 기업은 개인의 행동이나 업적이 표면적으로 드러나지가 않아요. 그만큼 체계적이니까요. 디자인계는 회사의 크고 작음이 그렇게 중요하지는 않지만 디자인 색이 뚜렷한 대기업은 가끔 선망의 대상이 되기도 해요. 하지만 그곳에서 디자이너로서 개인의 색깔을 내고 이름을 알리기란 참 어려운 일이죠."
그의 말이 어떤 뜻인지 이해가 되었다. 작은 회사는 직원의 색깔이 잘 드러난다. 그만큼 자신의 개성을 표현할 수 있는 기회가 열려 있다는 의미기도 하다. 자신의 색을 드러내길 원한다면 규모가 작은 회사로, 그것과는 상관없이 체계적이길 원한다면 큰 회사로 가면 될 일이다. 독특한 개성을 가진 디자이너가 되는 것이 꿈인 그는 그래서 작은 회사들을 거치며 성장했고 여전히 성장 중이다.

내가 다니는 곳은 작은 회사가 아니다

대화 중 갑자기 김욱이 나에게 물었다.
"궁금한 게 있어요. 계속 말하는 '작은 회사'에 대한 정의가 사실 저는 뭔지 모르겠어요. 이전에 다녔던 회사들은 규모는 작았지만 제 스스로 작은 회사라고 느낀 적이 없어요. 그건 자신의 마음에서 우러나오는 문제니까요. 자기가 그 회사를 큰 회사라고 생각한다면 큰 회사가 되는 거고 부끄럽게 생각한다면 그냥 별 볼일 없는 회사가 되는 거 아닌가요."

직종에 차이는 있겠지만 '규모가 작은 회사'에 다니는 사람들은 보통 한 개인이 해야 하는 몫이 많다. 나도 경험을 통해 잘 알고 있다. 많은 것을 배울 수 있지만 녹록치 않은 과정이다. 디자이너로서 작은 조직을 경험해온 그도 나와 같은 생각을 하지 않을까 하는 마음에서 "작은 회사에서 일하는 게 참 쉽지는 않잖아요. 위치는 달라졌지만 지금도 여전히 작은 회사에서 많은 몫을 해내고 계시고요." 하고 말을 건넸다가 위와 같은 질문을 받았다.
나는 잠시 어떤 말로 대답해야 할지 몰라 버벅댔다. 좀 바보 같은 순간이었지만 가다듬고 다시 말을 이었다.
"일반적으로 생각하는 규모의 크고 작음을 말한 게 맞아요. 하지만 말씀하신 점에 동의해요. '규모는 각자의 마음이 만드는 것'이라 생각하면 크기를 비교하는 자체가 무의미하겠네요."

"그렇죠. 근데 보통 주변의 시선에 따라 규모를 결정하기는 하죠. 처음 사회에 나올 때는 사실 그걸 중요하게 생각하잖아요. 가족, 친구의 시선 등. 하지만 갈수록 그게 무의미하다는 것을 알아가는 것 같아요. 그래서 무엇보다 자기를 잘 아는 게 가장 중요해요. 어떤 길을 가고 싶은지를 찾으면 규모가 어떻든, 누가 어떻게 평가하든 상관이 없지 않나요?"

"하지만 자기 방향을 확실히 정하는 일은 어렵고 대기업 입사에 실패해 어쩔 수 없이 작은 회사를 선택하는 사람들이 많다는 게 현실적인 문제 아닐까요?"

"음. 그렇게 작은 회사에 가서 또 다른 자기의 재능을 발견하거나 스스로 만족한다면 참 다행이고요, 만약 그렇지 않더라도 차츰 스스로 발전할 수 있게 노력해야 한다고 생각해요. 하지만 계속 만족하지 못하고 '난 어쩔 수 없이 선택한 거야' 하는 생각만 하고 지내면 무협지의 조연밖에는 될 수 없어요. 은둔형 고수 밑에 들어가 있으면서도 체계적인 시스템이 없다는 것에 불만만 품으며 이것도 저것도 아닌 사람으로 전락하는 캐릭터처럼 말이죠."

자신을 일하게 하는 원동력을 '주인 의식'이라 꼽는 그였기에 말할 수 있는 날카로운 대답이었다.

"땡스북스의 경영 방침은 '모두가 함께 성장하는 회사'예요. 아직 초기지만 모두 이 안에서 꿈을 이룰 수 있길 바라요. 그들의 미래가 곧 땡스북스의 미래기도 하니까요. 또 저는 땡스북스가 결코 작은 회사라 생각하지 않아요. 창업 초기이고 총 다섯 명의 인원이 꾸려가고 있지만 벌써 두 개의 스토어를 열었고 디자인 스튜디오도 꾸준히 성장하고 있죠.

게다가 저희는 디자이너로서 직접 책을 디자인하고, 판매자로서 자신이 디자인한 책을 팔기도 해요. 바로 소비자가 자신의 디자인을 어떻게 평가하는지 직접 들을 수 있으니 디자이너로서 더 빠르게 성장할 수 있죠. 그런 강점을 가진 회사가 또 어디 있겠어요."

격무에 시달리면서도 회사에 대해 이야기하는 그의 목소리에는 힘이 있었다. 내가 일에 치이던 때 나는 도무지 그럴 수가 없었기에 그 모습이 좋아보였다. 하지만 '그도 많이 지칠 때는 약해지기도 하겠지?'라고 마음대로 생각해 본다. 사람은 늘 마음이라는 소용돌이 속에서 사니까.

마지막으로 김욱의 꿈이 무엇인지 궁금했다. 그는 디자이너로서, 점장으로서 가진 꿈이 달랐다. 하지만 '자신의 색을 분명히 갖춘 사람이 되는 것'이라는 점은 같았다.

"디자이너로서는 저만의 분명한 색을 갖춘 사람이 되는 거예요. 사실 디자인만 봐도 이게 누구 디자인이구나 하고 떠올릴 수 있는 사람은 많지 않아요. 그만큼 어려운 작업이죠. 그래도 점점 제가 좋아하는 것은 무엇인지, 또 싫어하는 것이 무엇인지 알아가고 있어요. 그 방향 안에서 싫어하는 것을 쳐내다 보면 점점 제 색깔이 무엇인지 찾을 수 있겠죠.

점장으로서는, 요즘 서점 일이 점점 재밌어져요. 찾지 못했던 적성을 발견한 느낌도 들고요. 물론 시행착오를 겪으면서 이만큼 자리 잡았지만 앞으로 서점이 더 안정되고 제 색깔을 찾기 위해서 아직 가야 할 길이 있으니 숨겨진 제 능력을 더 찾아 발휘해야죠."

"지금도 넘치는 것 같은데 숨겨진 능력을 더 찾는다니!" 라고 말하며 내가 먼저 웃어보였다. 따라 웃는 그의 웃음이 밝아서 좋았다.

나도 그처럼 새롭고 다양한 시도를 하며 행복하게 살아갈 수 있길 꿈꾼다.

하지만 정작 일이 쏟아지면 지친 몸과 마음에 쉽게 약해지곤 했다. 그가 말한 것처럼 삶이 '내 색을 찾아가는 과정', 내가 속한 곳에 '내 색을 입히는 과정'이라면 이제 조금 덜 힘들 수도 있겠다는 생각이 들었다. 나도 이제 여러 갈래의 길을 성실히 찾아 나서고 싶다. 그리고 마침내 내가 더 즐겁고 행복한 진정한 색을 발견하고 싶다. 비록 그 길이 힘들더라도, 마음에 여유를 찾아가며, 즐겁게.

tip
김욱의 롤모델 디자이너 &
참고 스토어 알아보기

세상에는 수많은 디자이너가 있다. 그러나 모두가 자신만의 독특한 색깔을 가지기는 어렵다고 김욱은 말한다. 남다른 기획력을 갖추고, 디자이너로서 조금 다른 길을 걸으려 하는 김욱이 좋아하는 디자이너는 과연 어떤 사람일까? 그의 롤모델 2인, 그리고 땡스북스를 열며 참고했던 일본의 서점과 숍들을 함께 알아본다.

나가오카 겐메이
長岡賢明

1965년 홋카이도 출생. 1991년 일본의 유명 그래픽 디자이너 하라 켄야와 함께 일본디자인센터에 '하라디자인연구소를 공동 설립했다. 1997년 '드로잉 앤드 메뉴얼'을 설립하기도 한 그는 2000년, 디자이너가 생각하는 새로운 소비 장소를 기획하며 도쿄 세다가야의 4백 평 공간에 디자인과 재활용을 융합시킨 'D&Department Project'를 시작해 주목받았다.
그는 '일본 제조업의 원점을 이룬 상품과 기업이 모이는 장소'로 브랜드 '60 Vision'을 2002년에 발안, 1960년대에 제품 생산을 중단한 가리모쿠의 상품을 리브랜딩하며 ACE(가방), 스키보시(신발), 아데리아(식기) 등 열두 개 회사와 리브랜딩 프로젝트를 진행 중이다.
현재에도 창조가들을 위해 다양한 프로젝트를 진행하며 디자이너로서, 또 독특한 프로젝트를 기획하는 기획자로서 왕성히 활동 중이다.

"다양한 디자인 툴이 개발되고 있고 특정 스타일을 지향하는 것이 디자인의 많은 부분을 차지하는 요즘, 과거처럼 단순한 의미로써 디자인을 하기란 어려운 시기가 아닌가 싶어요.

기획자 혹은 편집자와 디자이너 간 경계는 점차 모호해지고 있으며 단순 오퍼레이터가 아닌 기획력을 갖춘 디자이너를 원하는 시기이기도 하죠.
따라서 수많은 디자이너가 만든 물건, 인터넷에서 공유되는 엄청난 양의 디자인 소스, 너무나 편리한 디자인 툴 속에서 좋은 디자인이란, 새로운 것을 만드는 것뿐만 아니라 기획력을 갖추고 잘 편집하고 정리정돈한 어떤 것이 될 수도 있다는 거예요. 그렇기에 버려지고 오래된 물건의 가치를 재발견해 다시 생산하고, 리브랜딩하여 판매하는 'D&Department Project'와 그것을 만들어 낸 나가오카 겐메이가 주목받는 것은 당연한 일일지도 모릅니다. 저는 소비지향적일 수밖에 없는 디자인의 또 다른 가치를 찾아낸 그의 방식이 산업화와 함께 달려가는 요즘의 디자이너에게 쉼표와 이정표를 준다고 생각해요."

네빌 브로디
Neville Brody

1957년 영국 런던에서 태어난 그래픽 디자이너로 1980~1990년대, 전통에 얽매이지 않은 독창적 디자인 레이아웃과 실험적인 타이포그라피로 주목받은 '디자인계의 이단아'다.
1970년대 페티시Fetish 레코드 사에서 음반 자켓 디자인을 하면서 두각을 나타내기 시작했고, 1981년부터 5년 동안 잡지 〈The Face〉의 아트디렉터로 활동하며 이 잡지가 젊은이들의 스타일 바이블로 자리 잡을 만큼 세계적인 매체로 키워냈다. 또한, 1991년에 그가 창간한 실험적인 타이포그래피 계간 잡지 〈FUSE〉를 통해 끊임없이 디자인 모험을 감행했다.

"학생 때 동경하던 디자이너 중 한 명이에요. 기존 디자인에 대한 반항과 펑크 스타일을 기반으로 하는 그의 디자인 스타일이 우리나라에도 많은 영향을 주었지만 제가 관심 있게 본 부분은 스타일이 아니라 그의 태도에 있어요.
상업적인 기존 디자인에 대한 비판적 성격으로 실험적 디자인을 주도했던 그는 자신이 세계적으로 유명해진 시기에도 몇 가지 원칙을 고수했죠. 예를 들면 자신의 도덕적 원칙에 어긋난다고 생각해 담배, 주류회사의 디자인은 하지 않는다는 것.

이것은 단지 상업적으로 흘러가는 디자이너로서의 삶을 거부하고 사회적인 영향력을 미치는 한 주체로서의 삶을 선택했기에 가질 수 있는 태도라고 생각해요. 디자이너가 디자인을 직접 사용하는 사람들을 향하지 않고 권력과 수익에 머무르는 것에 대한 그의 비판은 디자이너로서 살아가고 있는 제 삶을 종종 되돌아 보게 하죠."

D&Department Project

그래픽 디자이너 나가오카 겐메이가 만든 숍으로 일본 도쿄, 오사카, 삿포로 등에 있다. "나는 새로운 것을 디자인하지 않는다. 다만 오래된 것의 가치를 디자인할 뿐이다"라고 말한 나가오카 겐메이는 'Long Life Design'을 모토로 그가 생각하는 일본의 디자인 부흥기였던 1960년대 제품을 리폼하거나 재생산하여 판매하고 있다. 이곳에서는 가구뿐 아니라 생활용품, 잡화 등 장인정신이 깃든 일본의 디자인 상품을 찾아볼 수 있으며 카페도 함께 운영하고 있다.
www.d-department.com

게이분샤
惠文社

일본 교토 이치죠지 역 근처에 있는 셀렉북숍이다. 일반 서점에서 파는 베스트셀러도 비치하고 있지만 게이분샤의 색깔에 맞춰 선별한 책과 아기자기한 잡화, 생활용품을 같이 판매하고 있다. 덕분에 책과 새로운 상품을 고르는 즐거움이 크다. 뿐만 아니라 서점 안에 갤러리 'Enfer'도 함께 운영하며 기획전시를 꾸준히 열고 있어서 동네의 문화공간으로서 역할을 톡톡히 하고 있다.
www.keibunsha-books.com

스탠다드 북스토어
Standard Bookstore

오사카 신사이바시에 위치한 디자인 전문 서점이다. 이곳은 디자인 잡지와 서적이 가득한 1층과 디자인 서점에 어울릴 만한 다양한 잡화를 판매하는 지하 1층, 그리고 카페로 공간이 구성되어 있다. 디자인 전문 서점답게 세계 각국에서 수입한 디자인 서적과 문구류를 잘 선별하여 진열하고 있으며 이곳에서 운영하는 카페는 잠시 쉬어가며 책을 읽을 수 있는 공간으로, 고객에게 인기가 높다.
www.standardbookstore.com

"처음부터 큰 회사에 다니고 싶은 마음은 없었지만 20대 때는 저도 남의 시선을 의식하긴 했어요. 그때는 그게 가장 중요한 것처럼 느껴지잖아요. 하지만 점점 나이가 들면 알게 되죠. 그게 별 의미가 없다는 것을 말예요. 자신이 좋아하는 일을 찾고 또 마음에 드는 곳을 찾게 되면 회사의 규모가 어떻든 전혀 상관이 없어요. 그 속에서 자신만의 개성을 찾으며 성장할 수 있다면 어느 곳보다 큰 회사가 되는 것이니까요. 저도 큰 회사에 다니고 있어요. 게다가 원래 좋아하는 디자인 일과 점점 더 재미를 느끼고 있는 서점 일을 할 수 있는 곳이죠. 이곳에서 저만의 색을 찾아 나갈 거예요."

08. 꼭 맞는 길, 진정한 재미를 찾아서

동운아나텍
사장빈 대리
(31세, 입사 3년차)

동운아나텍

2006년 설립. 대표 김동철. 서울시 서초구 서초동에 위치해 있으며 직원은 80여 명이다. 아날로그 반도체를 개발하고 설계한 뒤 팹(공장)에서 생산한 제품을 판매하고 A/S하는, 팹리스 기업이다. 아날로그 반도체란 빛, 소리, 압력, 온도 등의 아날로그 신호를 컴퓨터가 인식할 수 있는 디지털 신호로 바꾸거나 디지털 신호를 아날로그 신호로 바꿔주는 장치로서, 센서나 휴대폰 등에 사용된다. 동운아나텍은 끊임없는 기술 개발을 통해 외국계 회사들과 경쟁하며 진입 장벽이 높은 국내외 유수 휴대폰에 제품을 대량 공급하고 있으며, 몇 년간 계속되는 성장세로 주목을 받고 있다.

www.dwanatech.com

사장빈 영업본부 대리

대학 때 반도체 공정에 관한 수업을 듣다가 처음 아날로그 반도체에 관심을 갖기 시작했고, 관련 업체를 검색하던 중 동운아나텍을 알게 되었다. 이미 크게 자란 나무의 잎새보다 큰 나무로 자라가는 작은 나무의 뿌리가 되고 싶다는 그는, CEO가 되어 언젠가 자신의 회사를 운영하고 싶은 꿈을 안고 동운아나텍에 입사했다. 현재 영업본부에서 일하며 LG와 팬택에 공급하는 제품 위주로 영업을 담당하고 있다. 영업의 힘은 진정성을 바탕으로 한 인적 네크워크에 있다는 사실을 깨달으며, 동운아나텍의 성장과 함께 한 해 한 해 목표를 향해 걸어가고 있다.

별난 팀장님 따라 걷기

사장빈의 이야기

"대리님, 그날 와 주셔서 감사했어요."
"아니에요. 다시 한번 축하 드려요. 신혼 여행은
잘 다녀오셨죠?"
"네, 덕분에요. 감사 인사 겸 전화 드렸어요. 이번에
저희가 새로 기획하는 모델이 있어서요. 동운 제품 좀
알아 보려고요."
"하하, 고맙습니다."
드디어 나에게도 이런 순간이 찾아오는구나! 고객이
직접 나에게 전화를 걸어 우리 제품을 찾다니. 자꾸만
웃음이 나온다. 고마운 마음도 들고, 보람도 있고.
영업이 무엇인지 이제 조금 알 것 같다. 처음에는
이해할 수 없었던 영업부의 유명인, 홍진의 팀장님의
행동과 영업에 대한 조언이 어느새 내 마음 속에도
자리잡아 가고 있는 기분이다.

입사했을 땐 팀장님처럼 별난 분도 없을 거라고
생각했었다. 영업하면서 직접 만나는 사람들 위주로

챙기면 됐지 그 부서 직원들을 다 챙기시는 모습에 굳이 그렇게까지 신경을 쓸 필요가 있을까, 얼마나 골치 아프실까 하고 말이다. 결혼이다, 돌이다, 대소사라는 게 끝이 없는 건데도. 그러다가 언젠가 고객으로부터 이런 이야기를 들은 적이 있었다. "팀장님은 참 좋은 분 같다. 늘 뭔가 도와주고 싶은 생각이 든다"라는. 그때 뭔가가 내 머리를 쾅 때리는 것 같았다. '와, 내가 모르는 무엇이 있구나. 그게 도대체 뭐지?' 하고.

그래서 어느 날인가 팀장님께 직접 여쭤보았다. 많은 사람들을 챙기는 것이 힘드신 적은 없는지, 이유가 뭔지. 그때 팀장님께서 해주셨던 말씀이 있다. 인생의 깨달음 같은 말씀이라 일하다 가끔 지치는 순간이 찾아오면, 그날의 조언을 기억하며 영업인으로서의 마음 자세를 다잡곤 한다.
"결국 인생은 한치 앞도 모르는 거야. 개개인의 능력은
물론 차이가 있겠지만 혼자 능력으로는 절대 잘될
수가 없는 게 사회고. 모든 사람을 존중하고 도움을
주다 보면 나도 도움을 받아. 결국 함께 가는 거지."

대학에 들어갈 때만 해도 내가 지금처럼 영업의
의미를 고민하며 사는 영업인이 될 줄은 생각지도
못했다. 디자인학과를 나와 화학공학과로 편입한 내가
어느 중소기업의 영업부서에서 일할 거라고 과연 누가
상상이나 했겠는가? 그런데 다르게 생각해 보면 지난
모든 경험이 마치 계획처럼 나를 이곳까지 이끌어 온
듯도 하다. 누군가에게 영향을 받고 나 또한 영향을
주면서. 그리고 그런 과정을 통해 팀장님의 이야기를
보다 잘 이해하게 되었고, 자연스럽게 영업인으로서의
꿈도 조금씩 구체화 할 수 있었다.

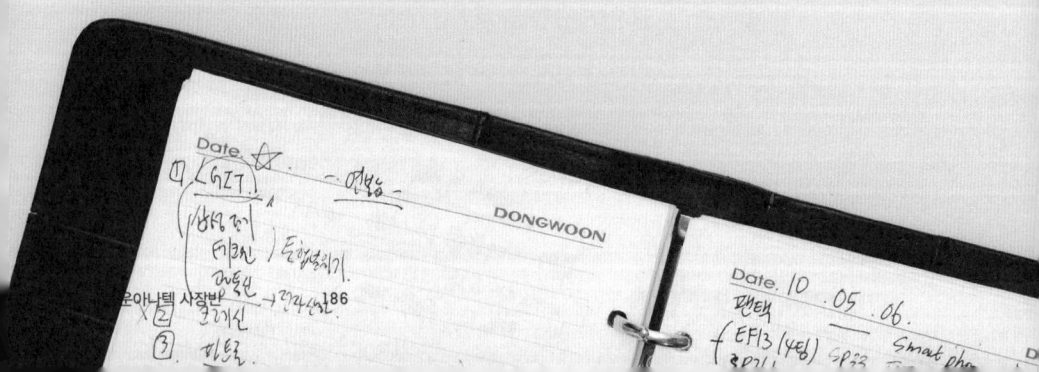

지금 나는 입사 전과는 조금 다른 꿈을 꾸고 조금 다른 길을 걷는다. 막연히 높은 곳을 바라보기보다는 천천히 단계를 밟아가며, 어떻게 하면 보다 즐겁게 살 수 있을까를 고민하며 살고 있다. 사람들을 만나며 마음을 나누고 그 만남에서 일의 재미와 삶의 재미를 배우면서. 그러면서 깨닫는다. '아, 이런 게 영업인으로서의 삶이구나. 즐겁게 사는 방법이구나' 하고.

동운아나텍 사장빈

**김정래가
만난
사장빈**

중소기업을 선택한 이유

대기업과 중소기업. 왜 우리나라 청년들은 대기업을 선호하는 걸까. 인터뷰를 하면서 만난 사람들 모두에게 이 비슷한 질문을 했던 것 같다. 표현은 약간씩 달랐지만 대개의 경우 답이 비슷했다. 물론 자신의 꿈과 맞닿아 선택하는 경우도 있겠지만 그보다는 연봉이나 복지, 사회의 인식 때문이라는 것. 나 역시 공감한다. 취직했다고 하면, "무슨 일 해? 적성에 맞아?"라는 질문보다 "무슨 회사야? 연봉은 어때?"라는 질문을 많이 받는 세상이니까. 이전 회사를 다닐 때 작은 회사에다 브랜드 스토리텔링이라는 분야마저 생소해, 무슨 회사에 다니냐는 질문에 늘 긴 문장을 늘어놓곤 했었다. 직업 특성상 설명이 필요하기도 했지만, 솔직히 내가 그럴듯한 회사에 다닌다는 사실을 상대에게 납득시키기 위해서이기도 했다. 나 스스로도 결코 사회의 인식에서 자유로울 수 없었던 것이다.

동운아나텍의 사장빈을 만나기로 한 이유는 분명했다. 여러 중소기업을 소개하는 책자에서 동운아나텍의 글을 보았는데, 글 중에서 당시엔 신입사원이었던 그의 인터뷰가 유독 눈에 들어왔기 때문이다. 처음부터 중소기업만을 목표로 취업을 준비했다고? 특이하다고 생각했다. 그리고 궁금했다. 대기업을 목표로 취업을 준비하는 대학생들이 많다 보니 그의 이야기가 더없이 특별하게 느껴졌다. 그래서 그의 이야기를 조금 더 자세히 들어보고 싶었다.

그를 만나기 전 우선 동운아나텍을 검색해 봤다. 그러자 다양한 기사가 떴는데, 그중 동운아나텍이 졸업 전 미리 대학과 연계해 인재를 영입한다는 글이 보였다. 그리고 나머지는 대개 경기 불황에도 불구하고 성장하고 있다는 내용의 기사들. 이전에는 전혀 생각해 보지 않았고 존재조차 알지 못했던 회사임에도 불구하고, 꽤 괜찮은 회사라는 생각이 들었다. 세상엔 내가 모르는 분야가 많고, 좋은 회사지만 내가 존재조차 모르는 회사도 많겠다는 생각과 함께.

그럼 그는 어떻게 동운아나텍을 알게 됐을까? 원래 반도체 설계에 관심이 있었던 걸까? 중소기업만을 목표로 취업을 준비했다는 말이 과연 사실일까? 사실이라면 이유가 뭘까? 여러 궁금증을 안고 동운아나텍을 찾았다. 출입문에 들어서니 깔끔한 사무실이 눈에 들어왔다. 안내 받은 회의실에 앉자, 곧 그가 들어와 인사를 건넸다.

이름은 사장빈, 나이는 31세. 2010년 2월에 입사해 올해로 3년차인 그는 알고 보니 원래 전자 분야에는 관심이 없었단다. 삼수를 하며 인생에 대해 고민한 끝에 한 가지를 파고들며 밤새서 일하는 분야가 자신과 맞다 생각했고, 그게 디자인이다 싶어 멀티미디어 디자인을 전공했다고.

"졸업 후 바로 취업을 하려고 보니 군대 문제가 있어서 병역특례로 CCTV를 제작하는 업체에서 일을 하게 됐는데, 자연스럽게 영업 쪽 업무도 겸하면서 사회 경험이 쌓였어요. 그런데 사회 생활을 해보니까 앉아서 하는 일보다는 직접 나가서 사람들을 만나고, 회사 매출에 기여하는 일이 제 적성에 맞더라고요. 그래서 영업 분야 취직을 준비하기 시작했어요."

그는 예술대학교를 나왔기 때문에 영업 분야로 취직하기 위해 일반 대학 화학공학과로의 편입을 결정했다. 과 선택의 기준은 화학공학과가 우리나라 산업 전반과 관련한 학과라는 판단이 들었기 때문이었다. 하지만 막상 들어가서 공부하다 보니 관련 지식이 없어 학점을 따는 것도 쉽지 않았다. 그러던 중 반도체 공정에 관한 수업을 듣게 됐고, 아몰레드AMOLED에 대해 배우는데 '아, 저거구나' 싶었단다. 그래서 관련 업체를 검색하다가 동운아나텍을 알게 된 것이다.

"동운아나텍은 제가 취업하려고 했던 규모의 회사들, 그러니까 중소기업을 위주로 검색하다가 알게 됐어요."

중소기업을 위주로 검색했다고? 드디어 기다리던 답이 나오는구나 싶었다.

"병역특례 때 CCTV 설치나 개발에도 참여해 봤는데, 당시 대기업에 제품을 납품하면서 직간접적으로 그쪽 업무 분위기를 볼 수 있었어요. 규모가 크다 보니 그 안에서 묻어가는 게 일반적이더라고요. 그런데 저는 제가 주도하는 걸 좋아하는 스타일이거든요. 물론 대기업에 가면 연봉이나 복지는 좋겠지만, 배울 수 있는 것이나 경험하는 것에는 한계가 있다고 판단했어요. 물론 학점도 좋은 편은 아니었고요. 그래서 중소기업을 목표로 취업을 준비하게 됐죠."

그가 중소기업을 선택한 이유는 주도하는 걸 좋아하는 자신의 성격과 맞기 때문에, 그리고 대기업에 갈 만큼 학점이 좋지 않다고 판단했기 때문이란다. 아직 궁금증이 완벽히 해소된 것은 아니지만, 꽤 솔직한 이야기라고 생각했다.

역량이 커진다는 건 인맥이 쌓인다는 것

이런 뉴스를 한 번쯤은 본 적 있을 것이다. 휴대폰의 브랜드는 우리나라 기업이지만, 핵심 부품은 외국 기업의 것이라는. 우리나라에는 아직 아날로그 반도체를 생산하는 회사가 많지 않기 때문이다.

"퀄컴, 티아이, 롬, 맥심. 일반인들은 모르지만 이미 몇 십 년 된 회사들이에요. 동운아나텍은 그 회사들과 경쟁하고 있죠. 경쟁에서 이기려면 단가 경쟁력, 빠른 대응, 기술 확보 등이 중요해요. 그래서 매출 대비 인원이 많아요. 사장님께서 '우린 이미 인력을 갖췄다'라는 말씀을 자주 하시죠. 우리나라의 모바일 관련 세트 업체인 삼성, LG, 팬택 세 곳 모두에 업체 등록이 되어 있는 회사는 아마 저희밖에 없을 거예요. 지금 상장을 준비하고 있어요.

아이러니하게도 대부분의 중소기업이 계속 중소기업으로 남아 있고 싶어하진 않아요. 회사의 규모를 키우고 싶어하죠. 거기에 일조하고 있다는 자긍심을 느끼는 게 재미예요. 그리고 결국 자기 만족이 가장 큰 즐거움이고요. 보통 신입이 영업 실무를 맡으려면 최소 몇 년이 걸리는데, 저는 입사하고 3개월 후에 바로 필드에 나갔거든요. 물론 책임감을 갖는다는 게 큰 스트레스가 되기도 하지만, 그만큼 빨리 성장한다고도 볼 수 있죠. 자기 역량을 키울 수 있는 기회가 많아요."

중소기업으로서 동운아나텍의 강점에 대해 하나 더 묻자, 그는 조금 민감한, 그러나 흥미로운 이야기도 덧붙여 들려 주었다.

"직급이 올라갈수록 연봉 체계가 빨리 올라간다고 들었어요. 직급 이동도 대기업에 비해 빠른 편이고요. 사원 2년, 주임 2년, 대리 3년, 그러니까 7~8년이면 과장이 될 수 있고 과장급이 되면 유수 대기업과 비교해도 연봉이 적지 않아요."

사실 연봉이 중요한 문제긴 하다. 비슷한 일을 하고도 적은 돈을 받는다면 어느 누가 좋아하겠는가? 물론 그의 이야기가 모든 작은 회사에 동일하게 적용되는 것은 아니지만, 중소기업은 무조건 연봉이 적다라는 판단 역시 옳지는 않은 것 같다.

그가 하는 영업이라는 업무는 흔히 생각하는 것처럼 제품을 파는 것만은 아니었다. 예를 들어 휴대폰을 만든다고 하자. 휴대폰 제작 기간은 최소 9개월 정도인데, 우선은 프로모션을 시작한다. 이는 콘셉트 단계에서 개발자, 연구자를 만나 동운아나텍의 제품이 부품으로 선정될 수 있도록 설득하는 단계로, 우리가 아는 영업 업무와 비슷하다.

이렇게 해서 선정이 되면 제품을 개발하고 만들기 시작한다. 그럼 휴대폰이 팔리는 수만큼 동운아나텍의 제품이 팔리는 것인데, 이런 사항을 고려해 제품의 단가를 조율하는 일, 납품 시기와 제작 기간을 협의하는 일도 영업에 속한다. 더불어 기술과 관련한 정보를 파악해 회사에 공유하거나 시장의 변화를 분석해 어떤 제품 개발이 필요한지를 제안하는 마케터의 업무도 영업에 포함된다.

"영업, 영업기술, 마케팅. 적어도 이 분야에서는 셋 다 같은 일을 하는데, 우리나라에서는 뒤쪽으로 갈수록 조금 더 좋게 생각하는 경향이 있긴 해요. 영업이 무엇인지 정의하는 것은 여전히 숙제예요. 선배들의 모습을 보면, 사람과의 관계를 얼마나 적절히 활용하고 있느냐가 영업의 관건인 것 같아요. 고객과 빨리 친해져야 하는데, 그러려면 진심으로 다가서야 하죠. 상대가 무엇이 필요한지를 진심으로 같이 고민해주면서 함께 성장해 가는 것이 영업이라고 생각해요."

그는 올해의 목표가 하나 있다고 했다. 바로 인맥, 인적 네트워크 쌓기. 그의 말을 빌리자면, 영업에 있어 자기 역량이 커진다는 의미는 자신만의 인맥이 하나둘씩 생기는 것이다. 그는 윗사람을 통한 것이 아니라 그를 통해 정보가 입수되고 구매가 이루어졌을 때, 자신이 성장하고 있는 것을 느낀단다.

"예를 들어 지금처럼 서로 만났죠? 그래서 진정성을 가진 인적 네트워크가 형성되고 뭔가 필요할 때 도움을 주고받는 관계가 되면, 그만큼 성장했다고 판단해요. 왜냐하면 영업에선 정보나 신뢰가 굉장히 중요하거든요. 저를 통해 정보가 전달되도록 도와주는 사람들이 생기고, 저를 통해 구매가 이루어졌을 때, '아, 장빈 씨가 진행하냐. 그럼 밀어 주겠다'라는 말을 듣는 순간, 뿌듯하죠. '내가 일을 제대로 하고 있구나' 생각되고, 살아 있다는 느낌이 들죠."

비록 다른 분야지만 회사를 다니면서 나도 비슷하게 느꼈다. 함께 일하는 사람들과 마음으로 일해야 일이 잘 진행되고, 좋은 결과물이 나왔다. 경력이 쌓이면서 위기 속에서 나의 상황만 생각하는 것이 아니라, 상대의 어려움을 공감하고 최대한 배려해 주는 마음이 결국 그 위기를 극복하는 터닝포인트가 되고, 그런 시간들이 쌓여 서로가 탄탄한 파트너이자 동료로 함께 성장한다는 것을 배웠다. 그리고 그러한 관계가 늘어날수록 업무 처리가 수월해지고 재미있어진다고 생각한다. 하지만 때때로 결국 직장 동료는 일로 맺어진 관계라는 사실에 좌절감을 느낄 때도 있었다. 조금이라도 손해 볼 것 같으면 벽을 쌓는, 가족이나 친구와는 다른 관계라는 것. 아직 내가 모자라서, 마음의 깊이가 부족해서일지도 모르지만, 이 둘 사이의 균형이나 답을 찾는 문제는 여전히 어려운 숙제다.

자신을 알기 위한 시간이 필요해

"친구 중에 큰 외국계 회사에 들어간 친구가 있어요. 일단 연봉만 보고 갔는데 업무 스트레스 때문에 이직을 했어요. 아직도 만족하지 못하는 것 같더라고요. 회사를 선택할 때 어느 정도 합당한 연봉이 보장된다면, 업무에 대한 만족도가 얼마나 될지도 고려해 봐야 한다고 생각해요. 자신이 무엇을 좋아하는지에 대한 고민이 필요한 거죠."

그는 지금도 자신이 무엇을 가장 좋아하는지 찾고 있다. 그리고 영업은 그나마 자신이 제일 잘할 수 있는 분야라 생각했기에 뛰어든 것이라 했다. 그러면서 대학생들을 향한 안타까움을 토로했다. 대학에 가기 위해 수능 공부, 대학에 가면 바로 취업 준비. 그러다 보니 자신과 자신의 꿈에 대해 고민할 시간이 부족하다는 것이다. 물론 시간이야 있겠지만, 여유가 없다는 의미다.

"우선 자신이 정확히 어느 선에 있는지를 알아야 해요. 무조건 자신을 낮추라는 이야기가 아니라, 기본적으로 스스로가 어디에 서 있는지를 잘 모르기 때문에 너무 자신 없어하거나 혹은 너무 높은 곳을 바라보는 경우도 있다는 거죠. 대학 시절, 자기 자신을 알기 위해서 스스로에게 투자하는 시간을 가져야 해요."

그는 세상에 안정적인 직장은 없다고 했다. 당장은 안정성이 눈에 보이는 것 같아도 내일 어떤 일이 일어날지는 아무도 모르는 거니까. 대신 자신이 열심히 일을 하면 어떻게든 기회가 온다. 먼저 그 믿음을 스스로에게 심어 주는 것이 중요하다고 했다. 그리고 회사를 목표로 삼기보다는 회사에 가서 어떤 일을 할 것인지에 목표를 두라고 조언했다.

"대기업에 간들 역량이 안 되고, 자기 관심사가 아닌 일을 해야 한다면 만족하기가 힘들죠. 다 아는 것처럼 개그맨 유재석 같은 경우도 처음부터 그렇게 잘된 건 아니잖아요. 하지만 그는 자기 꿈이 있었고, 뭘 하고 싶은지 스스로 알고 있었기 때문에 계속 노력하다 보니 그 자리에 갈 수 있었던 거죠. 그런 것을 먼저 바라봐야 해요.

반도체뿐만 아니라, 대기업이 아닌 작은 기업 중에서도 취업을 원하는 사람들의 구미에 맞는 회사가 굉장히 많아요. 그러니 먼저 자신이 무엇을 잘할 수 있는지, 무엇을 재미있어 하는지 고민해 보고, 다음으로는 그에 맞는 회사를 찾아보고, 그 회사에 어떻게 나를 효과적으로 어필할 수 있을지 대안을 생각해 보는 게 근본적인 취업난의 해결점 같아요. 스펙을 올리기보다는 내가 그 회사에 가면 어떤 일을 할 수 있다는 식의 이력서를 만들어 취업을 준비하는 게 저 같은 보통 사람이 할 수 있는 최선의 방법이 아닐까요?"

그리고 차근차근 걸어가기

"직업 특성상 매일 뭔가를 파는 것이 아니라 6개월 전, 1년 전에 일한 게 지금 수확을 거두는 거예요. 그래서 매출이 늘어나는 것을 볼 때 참 즐겁죠. 보람도 있고요."

그와 이야기를 나누며, 그가 1년 후의 매출을 위해 차근차근 노력을 쌓는 것처럼 그도 미래를 위해 하나하나 단계를 쌓아가고 있다는 생각이 들었다. 디자인학과에서 화학공학과로, 다시 영업이라는 분야로 길을 돌아왔기 때문에 남들보다 출발이 늦은 감은 있지만 그 과정 속에서 자신이 좋아하는 것을 찾아, 자신이 잘할 수 있는 일을 찾아, 자신의 의지대로 걸어온 그가 참 단단해 보였다.

면접을 볼 때 동운아나텍의 CEO가 목표라고 이야기했다는 그는 자신의 당찬 포부를 바라보며 체계적으로 꿈을 실현하고 있었다. 동시에 영업의 정의, 사람을 얻는 진정성에 대해 늘 고민하는 영업인이었다.

사실 그를 만나기 전에는 그가 뭔가 명쾌한 답을 주지 않을까 기대했었다. 처음부터 중소기업 위주로 취업을 준비했다고 하니, 중소기업에 대한 명확한 비전이나 대기업을 선호하는 사회 분위기를 단번에 뒤집을 무언가가 그에게 있지 않을까 하고. 하지만 그는 특별한 답을 가지고 있진 않았다. 내가 기대했던 동화 같은 이야기 대신 진짜 이야기, 현실을 들을 수 있었다.
덕분에 나는 취업에 대해, 취업 이후의 삶에 대해 다시 한번 고민할 수 있었다. 보다 냉철하게 자신을 돌아볼 필요가 있다는 것. 하지만 목표를 낮출 필요는 없다는 것. 목표를 정한 뒤에는 남들을 따라가는 것이 아닌 자신에게 꼭 맞는, 조금은 다른 길을 찾아서 단계를 하나하나 밟으며 걸어가야 한다는 것을. 그리고 그 길의 곳곳에서, 같이 걷는 사람들과의 대화 속에서 삶의 진정한 재미를 찾는 방법을 고민해 볼 수 있었다.

tip

그를 진짜 내 사람으로
만드는 비법

요즘처럼 만남의 기회가 넘쳐나는 시대가 지구상에 또 있었을까? 학교, 직장, 소개팅 같은 고전적인 만남은 말할 것도 없고, 컴퓨터만 켜면 혹은 스마트폰을 몇 번만 클릭하면 새로운 사람들을 얼마든지 만날 수 있는 세상. 하지만 정작 그 안에 진짜 내 사람은 몇 명이나 존재할까? 동운아나텍 사장빈은 성장이란 인맥을 쌓는 것, 진정성을 지닌 관계를 맺는 것이라고 이야기한다. 누군가를 진짜 내 사람으로 만드는 비법, 그 비법을 담은 몇 권의 책을 그의 추천을 받아 소개한다.

삼국지
나관중 저, 황석영 역
창작과비평사

"여러 인물 가운데 가장 좋아하는 인물은 유비입니다. 사실 유비는 다른 인물들에 비하면 큰 능력을 지닌 인물은 아니죠. 하지만 훌륭한 됨됨이로 본인보다 더 능력 있고 힘 센 사람들을 수하에 거느리며, 작은 나라를 큰 나라들과 대등한 나라로 키워갑니다. 책을 읽으며 유비의 매력을 정말 배우고 싶었습니다. 그런 매력이야말로 진정한 인적 네트워크를 만들어가는 밑거름이라 생각합니다. 특히 삼고초려 이야기에 유비의 매력이 잘 나타나 있죠."

모르는 사람이 없는 바로 그 책!
유비, 관우, 장비의 도원결의 이야기에서부터 쪼개져 있던 위, 촉, 오가 하나의 나라가 되기까지 고대 중국의 흥미진진한 역사를 소설로 옮겨 놓은 동양의 대표적 고전이다. 조조, 손권, 제갈공명, 조자룡 등

영웅들의 음모와 지략, 쟁투를 통해 인간의 진면목과 수천 년 동안 쌓여온 동양의 지혜를 엿볼 수 있다.

유머가 이긴다
신상훈 저
쌤앤파커스

"사실 말주변이 없는 편은 아니지만, 좀 더 위트 있게 대화하는 법, 사람들에게 쉽게 다가서는 법을 알고 싶어서 적당한 책을 찾아보던 중에 발견했어요. 소소하고 가벼운 유머를 통해 사람들의 마음을 열고, 잘 어울릴 수 있도록 도와주는 책이라 추천하고 싶어요."

20년차 코미디 작가 신상훈의 생생한 유머 강의
'일요일 일요일 밤에', '폭소클럽' 등의 코미디 작가로 활약했던 저자는 자신의 유머 노하우를 바탕으로 위기를 기회로 바꾸는 1%의 힘, 조화로운 커뮤니케이션의 비밀인 진짜 유머의 기술을 전한다. 왜 똑같은 이야기도 사람에 따라 재미있거나 혹은 썰렁하게 들리는 걸까? 그 둘의 차이는 뭘까? 저자는 옆에서 많은 코미디언들을 지켜본 결과 '재능'이 뛰어난 사람보다 '남을 웃기겠다는 열정'이 뜨거운 사람이 더 오래 사랑받고 더 크게 성공한다고 이야기한다. 또한 타고난 말재주가 아무리 훌륭해도 현실에 대한 혜안이 없다면 무릎을 탁 치게 만드는 유머가 나올 수 없고, 남을 따뜻하게 품어주는 품성이 없다면 남들의 답답함과 고충을 이해하는 창의적인 유머가 나올 수 없단다. 누군가의 마음을 움직이고 싶은 사람, 유머란 스킬이 아닌 마인드의 문제라는 것에 동의하는 사람들에게 추천한다.

컬처코드
클로테르 라파이유 저
김상철·김정수 역
리더스북

"영업을 하려면 자연스럽게 새로운 사람들을 많이 만나게 됩니다. 그런데 마음을 열기 위해서는 먼저 그 사람들을 이해해야 하죠. 이 책은 그런 면에서 큰 도움을 주는 책입니다. 사람들의 다양성을 인정하고 이해할 수 있도록 도와주는 책이죠. 일을 하다 보면 내가 생각하는 중요한 부분과 다른 사람이 생각하는 중요한 부분이 다르죠. 다름은 나쁜 게 아니잖아요. 다름 자체를 인정하고 파악하여 서로 맞춰가는 것이 중요한데, 이 책은 그 중요성을 일깨워 주는 책이에요. 물론 책을 읽기 전에도 사람 간의 다양성을 이해 못 하는 건 아니었지만, 읽으면서 전보다 유연하게 생각할 수 있게 됐어요. 실질적인 사례가 많이 들어 있어서 쉽고 재미있었고요."

다르게 행동하고 판단하는 이유, 컬처코드
세계적인 정신분석학자이자 문화인류학자인 저자는, 전 세계 사람들이 같은 사람임에도 불구하고 서로 다르게 행동하고 판단하는 이유를 컬처코드에 근거해 설명하고 있다. 컬처코드는 자신이 속한 문화를 통해 습득한 무의식적인 의미로서, 사랑, 건강, 아름다움, 가정, 직업 등에 대한 우리의 생각에 영향을 미친다. 그래서 저자는 물건을 만들거나 마케팅을 펼칠 때 고객과 시장을 깊숙이 파악하기 위해서 먼저 컬처코드를 이해해야 한다고 이야기한다. 사랑과 유혹에 대한 코드를 비롯해 아름다움과 비만에 대한 코드, 직업과 돈에 대한 코드 등을 흥미진진한 사례들을 통해 매력적으로 풀어놓고 있다.

"진정성을 가진 네트워크가 형성되고 뭔가 필요할 때 도움을 주고받는 관계가 되면, 그만큼 성장했다고 판단해요. 왜냐하면 영업에선 정보나 신뢰가 굉장히 중요하거든요. 저를 통해 정보가 전달되거나 구매가 이루어졌을 때, 정말 뿌듯하죠. '내가 일을 제대로 하고 있구나' 생각하게 되고, 살아 있다는 느낌이 들어요. 사회에서는 혼자 능력으로 잘될 수가 없죠. 나도 그 사람에게 도움이 되고, 그 사람도 나에게 도움이 되는 인생의 깨달음 같은 걸 선배로부터 배웠어요. 이걸 차근차근 깨달아 갈 때 '아, 내가 성장하고 있구나' 생각하죠."

chapter

5

나는   나눔의   믿는다
                힘을

09. 나의 에너지가 만드는 나눔

유자살롱
고서희 프로젝트 매니저
(27세, 입사 2년차)

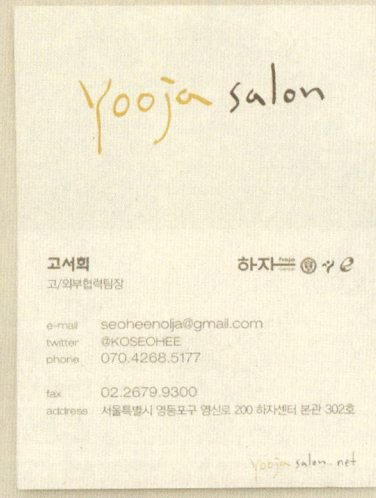

유자살롱

전일주, 이충한 공동대표를 중심으로 음악을 좋아하는 사람들이 모여 만든 사회적기업이다. 2009년 서울시립청소년 직업체험센터인 영등포 '하자센터'의 사업단으로 출발해 2010년 주식회사 유유자적살롱으로 독립했다. 음악의 즐거움을 통해 마음이 외롭고 힘든 사람들의 에너지를 되찾아주고 음악으로 유유자적한 세상을 만드는 것이 이들의 비전이다. 현재는 학교라는 사회를 나와 무중력 상태에 있는 것처럼 살고 있는 청소년들이 음악을 통해 다시 세상에 발 디딜 수 있도록 돕는 '집 밖에서 유유자적' 프로젝트를 주요 사업으로 운영하고 있다.
www.yoojasalon.net

고서희 프로젝트 매니저

유자살롱의 프로젝트 매니저와 대외홍보 일을 맡고 있다. 사범대를 졸업했지만 선생님이 되기를 포기하고 음악이 있는 곳으로 방향을 틀었다. 그 후 공동대표 전일주의 제안으로 유자살롱을 우연히 만나게 되면서 본의 아니게 다시 청소년들과 함께하는 직업을 갖게 되었고, 유자살롱의 모든 멤버들로 구성된 '유자사운드'에서 타악기와 랩, 베이스, 보컬을 맡으며 뮤지션으로도 활동하고 있다. 그가 현재 집중하고 있는 것은 베이스를 연마하는 것. 청소년 친구들과 같이 놀며 연주하는 게 요즘 가장 큰 즐거움이다.

사람과 사람,
음악과 사람이 나누는
에너지에 대하여

고서희의 이야기

네 번째 부족파티가 시작됐다. 이번 부족파티를 하기까지는 여러모로 힘들고 아쉬운 부분이 많았다. 4기 아이들 모두가 끝까지 함께하지 못했기 때문이다. 이전 기수까지는 모든 아이들이 잘 따라와 줬는데…… 뭐가 가장 문제였던 걸까.

'집 밖에서 유유자적' 프로그램은 한 기수에 대여섯 명의 청소년들과 3개월간 함께한다. 악기를 배우기 시작해 천천히 친구들을 만나 밴드를 이루고, 서로 합을 맞춰 연주하는 과정 속에서 아이들은 조금씩 세상 밖으로 나온다. 아이들이 짝을 지어 이룬 밴드가 공연하는 '부족파티'는 일종의 졸업식으로, 끝까지 잘해낸 아이들을 그 주변인들과 함께 칭찬하고 축하하는 자리다.
내가 이곳에 들어온 뒤로 맞는 세 번째 부족파티. 그동안은 치르고 나면 항상 감동적이고 흥이 났는데 오늘은 완전히 그럴 수가 없다. 상황도 상황이지만

고백하건데, 지금 나의 에너지는 이전보다 많이
떨어졌다.

외부의 많은 사람들이 유자살롱에서 나를
선생님이라는 역할로 인식하지만 사실 나는 선생님이
아니다. 그냥 멘토 역할을 하는 언니, 누나, 친구일
뿐이다. 악기 연주의 영역에서는 가르치고 배우는
관계가 그나마 분명하지만 생각과 감정은 가르칠 수
없다. 그저 옆에서 세상에 나오는 과정이 조금 덜 힘들
수 있게 도울 뿐이다.

솔직히 말하면 그게 쉽지는 않다. 아니 꽤나 어렵다.
그냥 사람과 사람이 만나서 알아가는 것도 참 어려운
과정인데 사회와는 조금 동떨어진 아이들과 함께하는
일은 더욱 그렇다.

그들은 세상으로부터 스스로를 차단할 수밖에 없던
문제들을 지닌 채 우리와 만나고, 나는 그 문제와
감정들을 함께 공유할 수밖에 없다. 슬픔은 나누면
반으로 줄어든다지만 줄어든 반의 슬픔은 그 질량을
고스란히 머금은 채 어디론가 이동하는 것 같다. 그게
내 안으로 흘러들 때가 종종 있다.

생각해 보면 이번 4기의 몇몇은 유자살롱과, 그리고
함께 모인 아이들과 서로가 가진 에너지의 크기가
잘 맞지 않았다. 세상과 단절된 아이들을 음악으로

세상과 다시 만날 수 있도록 돕는 것이 우리의 역할이라지만, 사람과 사람 사이의 교감이 중요한 곳인 만큼 서로의 합이 잘 맞지 않으면 함께하기 어렵다는 것을 이번에 더 절실히 배웠다. 모두가 무사히 과정을 마칠 수 있길 바랐지만 그럴 수 없던 이유를 인정한다.

프로젝트 매니저로서 다른 한 가지 문제를 더 꼽자면 늘어가는 아이들에 비해 멘토들이 적다는 점이다. 기수가 끝났음에도 계속 남기를 바라는 친구들에 새로 들어오는 친구들까지. 우리 여섯 명이 모두 감당하기에는 이제 조금 버거운 상태가 됐다. 하지만 인력을 충원해 끌고 나가기엔 아직 안정적인 수익구조를 만들지 못했고, 점점 무중력 상태의 사람들이 늘고 있지만 사회적으로는 관심 밖의 영역이다.

아픈 마음은 놀아야 낫고 세상은 개개인의 마음을
치유할수록 나아진다. 그 치유의 과정 속에서
음악이란 더할 나위 없이 좋은 친구라고 우리는
믿는다. 음악은 들을 수도 있고, 악기라는 친구를
가지고 혼자 연주해 볼 수도 있고, 함께 듣고 만들어
나갈 수도 있다. 그 과정을 잘 거치면 아이들은
음악을 이야기하고 싶어 점점 말문을 트고 조금씩
친구들과 소통하는 법을 배운다. 그리고 마침내
이전보다 한 발짝 앞으로 나온다.

4기의 공연이 시작됐다. 부족파티의 주인공은 늘
새로운 기수가 이룬 밴드다. 원래의 인원이 그대로
함께했다면 두 개의 밴드가 공연을 했어야 하는데
하나의 밴드밖에는 없다. 떨릴 텐데도 크게 틀리는
부분 없이 연주를 제법 잘해낸다.
이제 이 공연이 끝나면 우리는 다시 새로운
친구들과의 만남을 준비해야 한다. 서로 호흡이
잘 맞아떨어지는 연주처럼 부디 그들과 우리가 잘
어울리는 사이였으면 좋겠다는 생각을 해본다. 서로가
잘 어울릴 때, 나눌 수 있는 에너지의 크기는 더
커지니까 말이다.

전민진이
만난
고서희

같은 꿈을 꾸고
나아가는 것에 대해

사람과 사람 간에 뜻이 맞는 일이란 참 신기한 일 같다. 각자의 방식으로 살아온 사람들이 비슷한 방향을 지향하고 흐르다가 모이는 곳이 바로 회사라고 생각한다. 나는 회사에서 참 좋은 사람들을 만나 내 성향에 크게 어긋나는 일 없이 사람들과 관계를 맺었다. 물론 서로 다르긴 했지만 우리는 참 잘 맞는다는 생각을 많이 했고 그때 나눈 좋은 에너지들을 나는 여전히 기억한다. 그들을 통해 나도 변했고 그들도 나를 만나 조금은 좋은 영향을 받지 않았을까.

작은 회사에서 기획자로 일하는 3년 가까운 시간 동안 다양한 사람들을 만났다. 또래보다는 선배가 많은 시기에 나는 어른스러운 척하면서도 귀여운 후배로 남고자 했고 또래가 많은 시기에는 새로운 친구를 사귀는 일이 마냥 재밌었다.
하지만 내가 느낀 건 작은 회사의 특성상 누가 들어가고 나가느냐에 따라 회사의 색도 금세 바뀐다는 것이었다. 어느 누구도 기존에 있던 사람이 가진 특성을 완전히 대체할 수는 없었고 그에 따라 나도 변해야 했다.
내 에너지를 바꾸는 일이 아주 쉽지는 않았다. 사람이 만나고 헤어지는 건 자연스러운 일이지만 매번 새롭다. 그래서 꿈꾼 게 하나의 가치를 가지고 만나 일하는 그룹이었다. 그렇다면 그 가치를 위해 모인 사람들끼리는 서로 헤어지는 일 없이 계속 함께할 수 있지 않을까 하는 이상적인 꿈을 꿨다.
그러다 사회적기업이라는 존재를 알게 되었다. 뜻이 맞는 사람들이 함께 모여 사회가 안고 있는 여러 문제들을 각자의 방식으로 조금씩 변화시키기고자 하는 곳. 내가 느끼기에 그곳은 참 이상적이고 아름다운 곳이었다.

유자살롱은 사회적기업의 존재를 접한 후 얼마 지나지 않아 알게 된 기업이다. 서태지의 팬인 나는 일부 서태지 팬들이 모여 꾸린 매니아기빙서클이 유자살롱에 정기적으로 기부한다는 소식을 들었다. ㈜유유자적살롱이라는 공식적인 이름을 가지고 음악으로 유유자적한 세상을 만들고 싶어 하는 그들은 매니아기빙서클과 2010년 만나 사회적기업으로 본격적인 사업을 시작했다.
특히 내가 관심을 가진 것은 눈에 보이는 부분이 아닌 현대인들이 일상적으로 겪는 외로움이라는 것을 치유하고 싶어 한다는 점이었다. 색다르지만 꼭 필요한 가치를 위해 나아가고 있다는 확신이 들었다. 그렇게 음악을 좋아하는 사람들이 모여 같은 꿈을 향해 나아가고 있는 모습은 어떤지, 만나서 이야기를 듣고 싶었다. 내가 그리던 이상과 과연 많이 닮아 있을지 궁금했다.

외로운 친구들을 집 밖에서 유유자적하게

2011년 봄, 유자살롱의 두 번째 부족파티를 보러갔던 게 나와 유자살롱의 첫 만남이었다. 유자살롱에서는 '무중력 청소년'이라고 칭하지만 흔히 히키코모리로 대변되는 은둔형 외톨이 아이들. 그들의 공연을 본 후 나의 느낌을 한마디로 이야기하자면 굉장히 감동적이었다. 그간 유자살롱의 멤버들과 청소년들이 함께 뛰노는 모습이며 연주하고 있는 모습을 남긴 사진들을 보면서, 그리고 2기 청소년들이 악기를 연주하고 직접 목소리를 내어 노래를 하는 모습을 보면서 마음이 꿀렁꿀렁했다. 누군가에게 무엇이 된다는 일이 이런 거구나 싶었다. 유자살롱 사람들은 그들의 믿음대로 그들이 가진 음악적 재능을 나눠 외로운 이들에게 무엇이 되어 주고 있었고 진정 즐거워 보였다.

공연이 끝나고 나가는데 아직도 기억나는 장면 하나가 있다. 2기 밴드 멤버 아이들 중 하나가 수줍게 서 있고 그의 엄마가 아이의 엉덩이를 두드리며 "우리 아들 잘했어"라고 기쁘게 말하던 모습이다. 아이가 행복하면 엄마도 가족도 행복한 기운을 낸다. 그리고 그 좋은 기운은 만나는 사람에게 모두 전해진다. 유자살롱의 꿈도 그렇게 조금씩 모두가 행복해지기를 바라는 마음이 아닐까.

고서희도 그곳에서 처음 보았다. 유자살롱 멘토들로 구성된 '유자사운드'의 축하 공연에서 그는 범상치 않은 기운을 뿜어냈다. 2기 때부터 새로 함께하게 된 고서희는 타악기와 랩을 맡고 있었는데 그의 파트가 시작하면 관객의 박수 소리가 왠지 더 크게 들렸다. 유자청소년들의 멘토이자 프로젝트 전반을 매니징하는 매니저, 유자살롱을 대외에 알리는 사람으로서 다양한 일을 하고 있는 고서희는 멘토라는 말보다는 친구라는 말을 좋아했다.

그동안 유자살롱을 지켜보며 그를 어느 정도 이해한다고 생각했는데 사실 첫 질문의 대답부터 방향은 어긋났다. 고서희가 유자살롱에 몸담게 된 계기가 유자살롱이 하는 사업과 청소년들에 대한 관심 때문이었을 거라 믿었기 때문이다. 하지만 고서희는 "유자살롱에 들어오기 전에는 탈학교 청소년 문제에 대해 자각하지도 못했고 관심을 갖지도 않았다"라는 말을 전해왔다.

선택과 패배 사이에서

고서희는 사범대를 졸업했다. 교직에 계시는 부모님을 보고 자연스레 선생님이 되는 길로 방향을 잡았고 1년이 넘는 시간 동안 임용고시를 향해 달렸다. 경쟁률이 매우 치열한 임용고시에 합격하기 위해 하루의 대부분을 책상 앞에서 공부하고 또 공부했다. 그러던 중 문득 이렇게 어려운 지식들이 과연 학생들에게 현실적으로 도움이 될까 하는 의심이 들었다고 했다.

"그런 생각이 들기 시작하니 공부하는 것 자체가 무의미하다고 느껴졌어요. 저는 한문을 전공했는데 제가 그 시간에 중국을 오랜 시간 여행해서 그 이야기를 학생들에게 들려주는 게 오히려 도움이 될 거라는 생각이 들더라고요. 그렇게 생각을 정리하고는 바로 책을 보지 않았어요."

사실 그는 대학 시절 교생 선생님으로 있던 한 고등학교에서 독특한 수업 방법으로 전교생의 사랑을 한몸에 받는 인기 교생 선생님이었다. 교과 과정 중 학생들에게는 거의 자습시간으로 전락한 '직업의 세계'라는 과목을 가르칠 때 대학교 수강신청 방법 등 현실적으로 활용 가능한 정보를 알려주어 고3 학생들이 청강할 정도로 인기를 끌었고, 한문 시간에는 서울 지하철 노선도를 펼쳐 지명에 얽힌 이야기를 들려주기도 했다.

그 이야기를 들으니 고서희가 임용고시를 준비하며 들었다는 회의가 어느 정도 이해되었다. "그래도 교사로서의 안정적인 삶을 포기하는 게 쉽지는 않았을 텐데요?"라고 물으니 그는 그건 포기한 것이라기보다는 패배한 것이라고 대답했다. 그 제도를 있는 그대로 받아들이지 못했고 끝까지 도전하지 않았기 때문이라는 설명도 덧붙였다.

내가 보기엔 그건 패배보다는 선택에 가까운 것 같아 그 대화 중 살짝 패배라는 말을 '선택'이라고 고쳐서 말해 보았다. 하지만 그는 다시 '패배'라고 고쳤고 그게 사회에서 받아들이는 일반적인 시선에 대한 설명이라는 것을 어렴풋이 알았다.

어느 방향으로 나아갈지 모르는 채 부유하던 중 그는 부모님께 고시를 포기하겠다는 사실을 알렸고 얼떨결에 음악과 관련한 일을 하고 싶다고 대답해 버렸다. 대학에 와서 이전에 듣지 못한 음악을 접했고, 동아리 친구들과 자주 공연을 한 경험이 있기는 했지만 솔직히 완전히 그 길로 나아가고 싶은 마음은 없었다. 하지만 그 일을 계기로 고서희는 음악이 가까이 있는 길로 흐르게 되었다.

"사실 사범대를 졸업한 후 선생님이 되길 포기하는 건 진짜 심각한 결정일 수 있어요. 일반 기업에는 취업을 하기 힘들거든요. 부모님께는 음악과 관련한 일을 하겠다고 말씀 드렸지만 이곳저곳 대기업에 지원하며 취업난에 동참했었어요. 그러다 운 좋게 한 인디 음악 잡지사에 에디터로 취직을 하게 됐어요. 저를 이곳으로 소개한 유자살롱 공동대표 전일주를 그때 만났죠."
전일주가 왜 자신에게 유자살롱과 함께하자고 했는지 아직도 잘 모르지만 어쨌든 고서희는 유자살롱을 만났다.
"교육학을 전공했으니 그 길이 잘 맞았겠네요!" 했는데 그것과는 전혀 연관이 없다고 대답했다. 대학에서는 학교에 속해 있는 일반적인 학생들을 가르치는 법을 배웠지, 조금은 특수한 상황에 있는 청소년들과는 이곳에서 처음 만났기 때문이다.

아이들과 함께하며 나도 세상 밖으로

어느 하나로 정의할 수 없는 감정과 문제들이 섞여 한 개인의 기운을 만들기에, 사람이 가진 에너지 스펙트럼의 폭은 참 넓다. 그리고 사람들은 그 넓은 스펙트럼 안에서 수없이 변화를 맞는다.

입사 초기의 고서희를 처음 봤을 때와 비교해 지금 그의 모습은 조금 달라졌다. 최근 5기 유자청소년을 맞이하기도 했고 다양한 곳에서 공연을 하는 밴드 '유자사운드' 활동으로 지칠 법도 했지만 처음 에너지 넘치던 모습과는 사뭇 달랐다. 그래서 내가 먼저 그것에 대해 살짝 운을 떼 보았다.

"너무 많은 업무에 치이기 시작하면 누구나 그렇죠. 저도 누구를 만나든 피곤해 보인다는 말을 듣던 때가 있었어요. 하하."

"일도 많지만 사실 예전보다는 에너지가 많이 떨어졌어요."

"왜 그렇죠?"

"저희 사업은 음악이 중요한 키워드이긴 하지만 사람과 사람의 감정을 나누는 게 가장 중요한 일이잖아요. 무중력 청소년들과 그렇게 감정을 주고받다 보면 어느 순간 저도 은둔하고 싶어질 때가 있죠."

별 탈 없이 청소년기를 보낸 고서희의 위기는 사실 유자살롱 입사 초기부터 찾아왔다. 일반 직장에서 업무를 처리하거나 직장 사람들과의 관계에서 오는 어려움의 차원이 아니었다. 사람 만나기를 좋아하는 활달한 성격의 그가 처음 멘토로서 한 아이를 맡으며 이전에는 고민하지 않던 문제에 대해 자신 안으로 깊숙이 들어가 고민하게 되었던 것이다.

사회와 동떨어져 있는 그 아이의 문제는 곧 자신의 문제가 되었고 그 아이가 내면에서 겪고 있을 문제를 조금씩이라도 끌어내어 풀어야 했기에 감정을 이입할 수밖에 없었다. 누구나 감정의 내리막을 종종 겪지만 이전에 겪지 못한 문제로 생겨난 내리막은 낯선 것이기에 더욱 쉽지 않았다.

심리 전문가들도 꽤나 오랜 시간을 내담자와 자신의 감정을 분리하기 위해 훈련한다고 들었는데, 그가 참 힘들었을 거라는 것은 많은 설명을 듣지 않아도 알 수 있었다.

"저뿐만 아니라 다른 유자살롱 멤버들도 이러한 과정을 경험해요. 각자의 방식으로 문제를 해결하지만 저는 이제 아이들의 감정에 너무 들어가지 않으려고 노력해요. 아이들에게 좋은 친구가 되어주는 일, 집 밖에서 유유자적 함께 노는 일에 집중하는 게 제가 저만의 방식으로 그들을 도울 수 있는 일이니까요."

이러한 노력에도 불구하고 고서희는 여전히 한 기수, 한 기수 맞을 때마다 낯선 감정을 만난다. 새로운 사람을 만나는 일처럼 변화무쌍한 것은 없으니 말이다.

"그래도 보람 있는 건 한 기수가 끝날 때마다 저도 그 감정을 함께 넘어서며 문제를 해결해 간다는 사실이에요. 그만큼 저도 점점 한 인간으로서 성장해 가고 있는 것이죠."

밴드, 사람 간의 조화를 배우는 일

일정 부분 안정적인 삶과는 거리가 먼 사회적기업에서 일하는 것, 그리고 아주 작은 조직에서 사람들과 너무 친밀하게 일해야만 하기에 회의를 느낀 적은 없는지 물었다.

"유자살롱은 사회적기업 중에서도 아주 작은 조직이지만 우리가 지향하는 것이 분명히 세상의 어느 한 부분을 바꿀 것이라 믿기 때문에 회의는 들지 않아요. 서로 머리를 맞대고 친밀하게 일하는 과정이 중요하다고도 생각하고요. 또 저는 한 개인이 어느 곳에 속해 있건 얻는 것이 있다고 봐요. 만약 제가 교사가 되었거나 대기업에 입사했다면 또 그곳에서만 얻을 수 있는 것이 있었겠죠. 모든 것에는 일장일단이 있잖아요. 그렇다고 제가 이곳에 속한 대신 교사가 되거나 대기업에 입사하면서 얻을 수 있는 것을 포기했다고 생각하지도 않아요. 일반적인 직업을 선택했을 때도 역시 어떤 쪽으로는 포기해야만 하는 것이간. 자유롭게 책을 읽으며 배울 수 있는 시간이 줄어든다는 것, 여행을 갈 수 있는 시간이 없다는 것 같은."

사회적기업을 선택한 대신 안정적인 삶을 포기했을 거라는 일반적인 생각과는 다른 견해라 인상 깊었다.

"누구든 자신과 맞는 조직이 각자 다른 것뿐이에요. 저는 지금 하는 일과 잘 맞아요. 그간 발견하지 못했던 내 자신을 발견할 수 있는 기회를 얻었고 음악과도 가까이 하고 있잖아요."

이렇게 솔직한 고민을 털어 놓은 그에게, 일하며 가장 즐거울 때는 언제인지 물었다.

"종종 일하는 게 마치 밴드와 같다는 생각을 해요. 밴드에서 드럼과 베이스가 일정한 리듬을 유지하고, 기타가 멋진 리프를 선보이고, 보컬이 자신만의 목소리로 의미를 부여해 서로 합을 이루는 것처럼 말예요. 때로는 톤을 바꿔야 하기도 하고 변주를 주어야 할 때도 있는데 그 적절한 시기를 모두가 눈치채고 완벽하게 호흡하며 나아갈 때 가장 즐겁죠."

'집 밖에서 유유자적' 프로젝트는 아마 각자의 위치에서 음악 활동을 하던 유자 멤버들이 자연스럽게 생각할 수 있었던 일인지도 모른다. 신기해 하며 악기를 처음 배우고, 잠을 줄여가며 열심히 연습하고, 잘하게 되니 마음 맞는 사람과 함께 연주하고 싶은 마음. 그들이 이렇게 몸소 경험한 과정들을 고스란히 녹여냈기에 이 프로젝트가 더욱 특별하다는 생각이 들었다.
"밴드가 한 곡을 멋지게 연주하기 위해서 소통과 조율은 꼭 필요한 과정이 잖아요. 그래서 밴드 내 불화라는 것도 생기지만 그것 역시 밴드로서, 함께 세상을 살아나가는 사회적 인간으로서 거쳐야 할 아주 중요한 과정이라 생 각해요."

지난 3월, 유자살롱은 일본의 한 세미나에서 발제를 했다. 히키코모리 문제 가 심각한 일본에서 유자살롱의 프로젝트에 굉장한 관심을 보였기 때문이 다. 일본에서는 아직 한번도 음악으로 히키코모리를 치유하기 위한 시도는 없었기에 유자살롱이 일본의 어느 지역 신문 한 켠을 장식하기도 했다.
"하지만 과제는 여전히 남아 있어요. 프로그램을 마친 아이들이 이제 여기 서 어떻게 또 다른 세상으로 나아가느냐 하는 것이죠."
유자살롱은 계속 이곳에 남고 싶은 아이들을 위해 계획하지 않았던 심화반 을 만들었고 또 그 과정을 마친 아이들 몇몇은 '유자청'이라는 밴드로 활동 하고 있다. 그래서 최근 유자살롱이 생각한 것은 '청소년 밴드 레이블'로도 사업 영역을 확장하는 것이다. 이렇게 유자살롱은 계속해서 직면하는 여러 가지 상황들을 해결해 가며 점점 변화하고 있다.
"무중력 상태가 청소년만의 문제는 아니잖아요. 그래서 '직딩예대'라는 프로 그램도 운영 중이에요. 일하는 것, 사는 것의 의미를 아직 제대로 찾지 못한 직장인을 위한 프로그램이죠. 음악은 공간이 참 중요한 것 같아요. 악기를 마음껏 연주할 수 있는 공간, 소리 높여 노래를 부를 수 있는 공간. 유자살 롱에는 그럴 공간이 있고 악기도 있어요. 친구를 만나 마음껏 연주하고 놀 수 있죠."

그 공간에 있는 누구이건 자신의 고유한 에너지를 찾고 서로 나누는 과정을 겪을 것이다. 고서희는 아마 그 나눔의 순환을 두고 자신에게 있어서의 나눔을 '누구도 대체할 수 없는 자신만의 고유한 에너지'라고 정의했나 보다. 처음에는 그게 대체 무슨 의미인지 이해하기 힘들어 재차 묻다 포기했는데 그에 대해 이야기를 풀다보니 이제 자연스럽게 그 뜻이 이해가 간다.

끝으로 앞으로 이루고 싶은 게 있냐고 물었다.
"아이들에게 앞으로 커서 무엇이 되어야 한다는 이야기를 하고 싶지 않아요. 그저 현재를 헤치며 살아나가는 게 무엇보다 중요하니까요. 그래서 저도 미래를 준비하기 위해 오늘을 살고 싶지 않아요. 순간순간 선택하는 것에 후회하지 않을 직관을 키우는 게 꿈이라면 꿈이죠. 베이스 연주를 잘하게 되는 것도요."
'유자살롱이 계속해서 발전하고 나아가는 게 꿈이에요' 같은 해피엔딩식 결말을 지향했는지도 모른다. 대화의 첫 시작처럼 그가 하는 의외의 대답에 놀라면서 그가 하루하루 직관으로 보내는 오늘을 지나 어떤 사람으로 성장해 나갈지, 그는 궁금해 하지 않는 미래를 내가 그려 본다.

tip
사회적기업은
어떻게 만들어질까?

사회적기업이 화두로 떠오르고 있다. 2007년 7월부터 노동부가 주관하여 시행하고 있는 사회적기업과 사회적 일자리 창출 사업을 통해 사회적기업의 종류와 수는 점점 다양해지고 있고, 우리가 그동안 생각지 못했던 기발한 사업들도 속속 등장하고 있다. 유자살롱도 그 기발하고 크리에이티브한 사회적기업 중 하나다. 지금부터 사회적기업이 무엇인지, 사회적기업을 인큐베이팅 하는 기관은 어디인지 알아본다.

사회적기업은 무엇일까?

사회적기업은 취약계층에게 일자리나 사회 서비스를 제공하는 등 사회적 목적을 추구하기 위해 설립되고 운영되는 기업이며, 창출한 수익은 사회적 목적에 따라 환원하거나 재투자해야 한다. 이처럼 사회적 목적을 추구한다는 점에서는 비영리 자선기관과 유사하지만 상품이나 서비스의 생산과 판매 같은 영업 활동을 주로 하고, 그 수익을 주요한 재원으로 한다는 점에서 전통적인 자선 방식과는 다르게 시장지향성을 가지고 있다.
하지만 그 주요 동기는 '사회적 목적 실현'이기에 일반 기업과는 크게 차이가 있다. 사회적기업은 정부나 시장의 실패로 인해 해결되지 않는 사회 문제와 충족되지 않는 사회적 욕구에 대한 남다른 해결책과 대안을 낸다. 빈곤과 양극화, 환경문제, 불평등, 실업 등이 사회적기업이 다루는 중요한 이슈다.

| 사회적기업은 어디서 지원할까? | 고용노동부, 고용센터, 한국사회적기업진흥원, ㈜사회적기업지원네트워크. 이 네 곳의 역할 분담을 통해 사회적기업 창출과 지원이 이루어진다. |

- **고용노동부**: 사회공헌일자리사업 추진 계획을 수립하고 운영 지침을 제정한다. 사업 시행 결과를 평가하는 등 사업을 총괄한다.
- **한국사회적기업진흥원**: 참여자와 참여기관 발굴 등 사업을 홍보하고 총괄한다. 봉사에 참여하는 사람들에게 활동비를 지급하며 사회적기업의 서비스 평가 등 사후 관리, 필요한 행정 사항을 진행한다.
- **㈜사회적기업지원네트워크**: 참여자에 대한 전문교육, 현장탐방 지원과 컨설팅을 수행한다.
- **고용센터**: 사회공헌일자리 참여자 취업 지원 등 사후 관리를 한다.

| 사회적기업은 어떤 혜택을 받을 수 있을까? | **첫째**, 경영지원을 받을 수 있다. 사회적기업에 필요한 경영 컨설팅은 물론 사회적 기업가 네트워크에 참여하여 기존 사회적기업의 노하우를 습득할 수 있으며 '사회적 기업가 아카데미'를 통해 사회적 기업가로서 한층 성장할 수 있다.
둘째, 재정지원을 받을 수 있다. 사회적 일자리 창출을 위한 인건비, 직원의 사회보험료, 전문 인력 인건비, 사업 개발비, 시설 운영비, 세제 지원, 전문 인력인과의 연계 등 다양한 부분에서 도움을 받을 수 있다.
셋째, 구매 지원을 받을 수 있다. 기관은 사회적기업에서 나온 상품이나 서비스를 우선적으로 구매하고 대외에 홍보하는 등의 서비스를 지원한다. 또한 사회적기업 박람회 등을 개최하여 사회적기업이 지속 가능한 사업이 되도록 돕는다. |

| 사회적기업 인큐베이팅을 하는 곳은 어디일까? | 사회적기업이 되고자 하는 그룹을 실제 사회적기업으로 키워내기 위해, 사회적기업으로서 갖춰야 할 비전을 세우는 것부터 지속 가능한 수익구조를 만들 수 있도록 함께 돕는 곳이 바로 사회적기업 인큐베이팅 기관이다. 전국에는 사회적기업을 인큐베이팅 하는 민간 기관이 여러 곳 있으며 유자살롱은 다음의 두 기관을 통해 사회적기업으로 발을 내디딜 수 있었다. |

• **하자센터**

하자센터의 공식 명칭은 서울시립청소년직업체험센터로 '하고 싶은 일을 하면서 해야 하는 일도 하자'는 '자율과 공생의 원리'를 모토로 한다. 1999년에 개관하여 청소년의 직업체험 프로그램, 진로 설계와 창의성 교육 프로그램을 제공해 왔으며 청장년들을 위해서는 지속가능한 일자리 창출을 목적으로 사회적기업 등 커뮤니티 비즈니스를 지원하고 있다.

또한 사회적기업의 자립 기반을 다지기 위해 사회적기업 간 파트너십을 유도하고 사회적 네트워크, 공생 마케팅, 상생과 나눔 유통, 커뮤니티 비즈니스를 구축하고 있으며 이를 통해 사회적기업 공공의 시장이 형성될 수 있도록 하는 게 목표다. 이곳에서 유자살롱, 이야기꾼의 책 공연, 오요리 등이 사회적기업으로 인큐베이팅 됐다.

www.haja.net

• **함께일하는재단**

1998년 외환위기 당시 조직한 '실업극복국민운동위원회'에서 출발한 재단으로 2008년 (재)함께일하는재단으로 탄생했다. 이곳은 실직자들을 위한 양질의 일자리 창출과 사회적기업의 꾸준한 성장을 위해 지원하며, 소셜벤처를 발굴하고, 청년실업 문제 해소 프로그램을 개발한다.

사회적기업 지원 부문에서는 사회적 기업가 양성, 시장 조성, 홍보와 마케팅, 경영 지원 등 다방면에서 사회적기업을 지원하는 인큐베이터의 역할을 수행하고 있다. 뿐만 아니라 사회적 벤처투자자 소그룹을 운영하여 사회적기업을 지원한다. 유자살롱은 함께일하는재단을 통해 사회적 벤처투자자인 매니아기빙서클을 만나 보다 안정적으로 사회적기업으로 발돋움할 수 있었다.

함께일하는재단이 인큐베이팅한 사회적기업으로는 '딜라이트', '트리플래닛', '공부의신' 등이 있다.

www.hamkke.org

"꼭 무엇을 꿈꿔야 하고, 그것을 이루기 위해 사는 삶을 살아야 한다고 생각하지 않아요. 어쩌면 이 사회의 누군가는 그래서 더 소외되고 있는 것일지도 모르니까요. 대신 나중에 내 선택에 후회하지 않을 직관과 현재의 시간을 즐겁게 보내는 능력을 키우는 게 중요하다고 생각해요. 그래서 저도 노력 중이에요. 외로운 이들을 음악으로 치유한다는 유자살롱의 가치는 아직 사회에서는 분명 생소한 것이지만 이곳이 언젠간 사회의 어느 한 부분을 바꾸리라는 확신이 있어요. 유자살롱은 그래서 살아남아야 해요. 그 속에서 저는 삶의 직관을 키우며 생활하고, 즐겁게 일하고 싶어요."

10. 내가 가는 길만 비추기보다는
누군가의 길을 비춰 준다면

딜라이트
김정헌 실장
(30세, 입사 1년차)

딜라이트 Delight

2009년 설립. 대표 김정현. 서울시 영등포구 당산동에 위치해 있으며, 직원은 인턴을 포함해 50여 명이다. 1년의 준비 기간을 거쳐, 2010년 7월 법인설립과 함께 본격적인 경영활동을 시작했다. 국내에서 몇 안 되는 자립 가능한 사회적기업으로, 합리적인 가격의 보청기를 제작하여 판매하고 있으며, 이로써 저소득 난청인들에게 보청기 구입의 기회를 제공하는 사회적 가치를 창출하고 있다. 현재 전국에 열한 개의 영업점을 가지고 있고, 작년 매출액은 15억으로 올해 60억의 매출을 기대하고 있다. 이 같은 성장을 통해 보다 큰 사회적 가치를 창출하기 위한 방안을 모색 중에 있다.
www.delight.co.kr

김정현 전략기획실 실장

고등학교 때부터 NGO에서 활동했다. 대학생 시절 경영학과 비영리의 접점이 어디인지 고민하다 사회적기업에 관심을 갖기 시작했다. 사회적 기업가를 꿈꾸는 동아리 넥스터스에서 활동하며, 딜라이트 대표 김정현과 만나 딜라이트의 창립을 도왔다. 졸업 후 은행에서 2년간 기업금융 관련 업무를 하다 이후 외국계 전략 컨설팅 회사에서 1년간 컨설턴트로 일했다. 그리고 올해 3월 딜라이트에 다시 합류했다. 현재 전략기획실 실장으로서 회사의 주요 전략을 수립하고 있으며, 광고 문구부터 MOU를 체결하는 것에 이르기까지 딜라이트의 전반적인 업무를 관리하고 있다.

● '소셜벤처'는 사회적기업과 목적, 기능은 거의 유사하지만 사회적기업 정부 인증 과정을 거치지 않은 기업입니다. 딜라이트는 소셜벤처이나 글에서는 독자의 이해를 돕기 위해 사회적기업이라는 용어를 사용했습니다.

보청기와
따뜻한 편지

**김정헌의
이야기**

"실장님, 편지 온 거 보셨어요?"
"무슨 편지?"
"저번에 교도소에서 보청기 필요하시다고 했던 분 있잖아요. 잘 받으셨대요!"
"아, 정말? 편지 어디 있어?"
여기 있구나! 다행이다. 이송되셨다고 해서, 혹시 못 받으시면 어쩌나 걱정했는데.
지난 달에 편지가 한 통 배달됐다. 신문 기사에서 읽었다며, 귀가 잘 안 들려 보청기가 꼭 필요한데 혹시 도와줄 수 있는지를 묻는 내용이었다. 발신자는 교도소에 수감되어 계신 분이었다. 보통 노인분들을 위주로 도와 드렸던 터라 조금은 생소했지만, 생각지도 못한 도움을 드릴 수 있어 특별한 기분이 들었다. 그리고 이번 편지는 잘 받으셨다는 감사의 편지다.

안녕하세요?

이렇게 보청기를 선물로 받게 되어 얼마나 감사한지 모릅니다. 소리가 들리지 않으니 텔레비전을 봐도 내용을 모르겠고 방 안에 함께 있어도 늘 혼자인 것만 같았는데, 도움 주신 덕분에 소리를 되찾아 즐겁게 생활하고 있습니다. 이제 드라마도 볼 수 있고, 사람들과 이야기할 수도 있습니다. 정말 갑갑했는데 마치 자유를 얻은 것 같습니다.

몇 달 후면 나가게 됩니다. 그때 꼭 찾아 뵙고 감사 인사 드리겠습니다. 정말 고맙습니다.

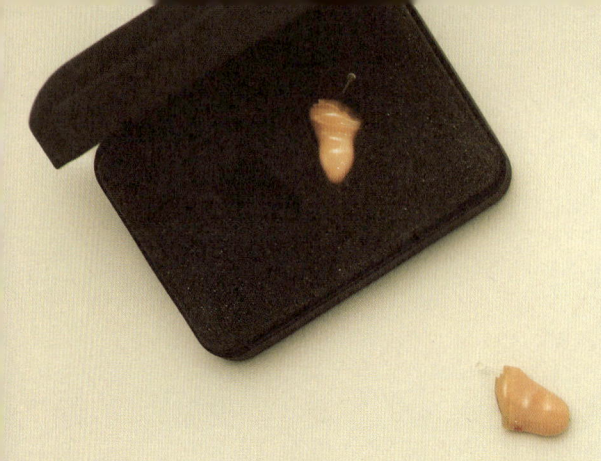

대학생 시절, 지금은 딜라이트의 대표인 정현이가 넥스터스 모임에 보청기 아이템을 가져와 발표했을 때 더없이 좋은 솔루션이라고 생각했다. 당시 관심을 갖고 있었던 여러 사회 문제들 가운데, 저소득 난청인 문제 역시 우리 고민의 주요 대상이었기 때문이다. 하지만 그땐 딜라이트가 이렇게까지 성장하고, 많은 사람들에게 영향을 미치는 기업이 될 줄은 상상도 못했다. 판매 증가에 따라 늘어난 경제적 가치를 또 다른 사회적 가치로 창출할 프로젝트들도 고민하고 있으니. 더구나 처음 시작할 때만 해도 '이게 말이 돼? 기업은 당연히 돈을 벌어야지 무슨 좋은 일까지 해. 혹시 마케팅 아냐?'라고 하던 사람들의 인식이, 조금씩 바뀌고 있다는 것도 기분 좋은 일이다.

이제 사회적기업이라는 용어는 몰라도 착한 일을 하며 돈을 버는 것에 대해 고민하는 문화가 널리 퍼진 것 같다. 그래서 대기업들도 그 문화에 동참하게 되었고. 그런 변화에 일조했다는 사실에 마음 한편이 뿌듯해진다.

"박 팀장님, 편지 봤어요? 여기!"
"무슨 편지예요?"
"교도소에서 편지 보내셨던 분, 보청기 잘 받으셨대요."
이렇게 편지가 한 통 날아든 날이면 다들 기분이 좋아진다. 서로 편지를 돌려 보느라 여느 때와 다르게 사무실도 조금 들뜨고. 오늘은 더욱 힘내서 일할 수 있을 것 같다. 참, 봉천동 할머니께선 보청기 잘 받으셨나? 전화 한번 해볼까?

딜라이트 김정헌

김정래가
만난
김정헌

돈만 버는 기업가 말고
사회적 기업가

어느 노래의 이런 가사를 참 좋아한다. '저 높이 솟은 산이 되기보다 여기 오르막한 동산이 되길, 내가 가는 길만 비추기보다는 누군가의 길을 비춰 준다면.' 그래서일까. 사회적기업 역시 중소기업의 범주에 포함된다고 여겨 인터뷰를 하기로 결정했을 때 자연스럽게 다른 기업보다 관심이 갔다. 특히 딜라이트의 창립 배경을 전해 듣고는 '와, 이런 기업도 가능하구나. 재미있다'고 생각했다.

직접 만나 인터뷰를 하기 전까지 알고 있었던 정보는 젊은, 심지어 나보다 어린 대표가 저소득 난청인들을 위해 저렴한 가격의 보청기를 제작하는 회사를 차렸다는 정도. 솔직히 마음 한구석에서 '또 나보다 어려? 에고, 나와는 태생부터 다른 사람 한 명 추가요!'라는 생각이 슬며시 올라오긴 했지만 어쨌든 충분히 매력적이고 흥미로운 회사였다. 일단 어디에서 그런 아이디어가 시작됐는지 궁금했다. 더불어 사회적기업이 아닌 일반 기업이었다면 더 큰 이윤을 낼 수 있을 텐데 왜 사회적기업을 선택한 건지 그 이유를 알고 싶었다.

딜라이트 본사는 영등포구 당산동에 있는 건강보험공단 3층이었다. 사회적기업이어서 그런가? 보청기 회사의 위치가 건강보험공단이라니, 솔직히 뭔가 있어 보였다. 인터뷰 때 직접 물어보니 그건 우연찮게 그리 된 거란다. 그런데 재미있게도 나를 포함해 찾아오는 사람들이 다들 좋게 생각한단다. 딜라이트에 들어서자 우선 화사하고 아늑한 응접실이 눈에 들어왔다. 청력 검사 후 제품을 구매하기 위해 딜라이트를 찾은 손님들도 보였다. '보청기 회사라서 좀 고리타분한 분위기 아닐까, 사회적기업인데 약간 허름하지 않을까?'라는 나의 선입견은 딜라이트에 발을 들여 놓자마자 사라졌다. 그리고 이곳저곳 눈을 돌려 구경하는 사이 멀리서 수수한 차림의 그가 다가와 기분 좋게 웃으며 인사를 건넸다.

이름은 김정헌. 나이는 나와 동갑인 서른 살. 딜라이트 창립 멤버로 일반 기업에서 3년간 경험을 쌓은 뒤 올해 3월 딜라이트에 다시 합류했다. 티 내진 않았지만 솔직히 인터뷰 초반 화려한 이력으로 나를 주눅들게 했던 그는, 2008년에 6개월간 미국 미시건 주에 있는 대학교 부설 연구소에서 아시안계 미국인의 기부 경향성에 대한 연구를 할 기회가 있었다고 했다. 그런데 당시 한국에서는 사회적기업이나 기업의 사회공헌이라는 개념조차 확실하지 않았던 것에 반해 미국에서는 스물서너 살 청년들이 다양한 단체에서 이를 주도하고 있었다. 그래서 국내에서도 이런 재미있는 일을 할 수 있겠다는 생각이 들어 사회적기업에 관심을 갖기 시작했고, 마침 비슷한 생각을 하는 대학 동아리 넥스터스를 찾아 귀국 후 함께하게 되었다.
"실제 넥스터스 출신의 사회적기업이 네 군데 정도 있어요. 터치포굿, 제이드라이브리 등이 같이 활동했던 친구들이 만든 곳이에요. 보청기는 지금 딜라이트 대표가 당시에 아이템을 가지고 오면서 관심을 갖게 됐죠. 그때는 보청기에 관심이 있었다기보다는 저희가 관심을 두고 있던 사회 이슈 중에 저소득 난청인 이슈가 있었어요. 그래서 해보자 했던 건데, 생각보다 비즈니스가 커진 거죠. 지금은 이것만 하고 있지만 여전히 여러 사회 쟁점에 관심을 두고 있고, 다양한 프로젝트들을 준비하고 있어요."

그는 경영학을 선택하면서부터 기업가가 꿈이었다. 그런데 열여덟 살 때부터 NGO에서 활동하며, 사람들이 일반적으로 접하는 미디어 정보가 굉장히 제한적이라는 사실을 깨달았다고 했다. 그냥 사실이라고 받아들였던 정보가 NGO에서 활동하는 사람들의 이야기를 듣거나 직접 그 상황을 보았을 때는 180도 다른 것을 경험하며, 사회 문제를 바라보는 관점이 달라지기 시작한 것이다.

"단지 돈만 버는 기업가가 되어서는 안 되겠다고 느꼈어요. 사회 이면에 있는 것들에 대해 실제적인 솔루션을 제공할 수 있는 기업가가 되어야겠다고 결심했죠. 그러다가 사회적 기업가라는 개념을 접했고, 그게 접점이라고 본 거예요. 마침 NGO의 백그라운드가 있었고 경영학을 전공하고 있었기 때문에 둘을 접목하면 잘해볼 수 있지 않을까 생각했어요."

흔히 직업을 고민하는 이들에게 자신이 좋아하면서 동시에 잘할 수 있는 일을 선택하라고 하는데, 나 역시 대학 졸업을 앞두고 어떤 직업을 선택해야 할지 고민을 많이 했다. 그 시절 가만히 창밖을 바라보며 진로를 고민했던 어느 교실의 뒷자리가 아직도 기억에 선하다. NGO라는 백그라운드와 경영학의 접점이라. 인터뷰에서야 간단히 이야기했지만 그 역시 왜 고민이 없었겠는가.

대학 졸업을 앞둔 후배들을 만나면 졸업 후 무엇을 해야 할지 고민이라는 이야기를 종종 듣는다. 내가 그랬듯 누구든 그 과정을 거쳐가는 것 같다. 그런데 이제 와 보니 회사에 다니면서도 이 일이 정말 내게 맞는 일인가를 끊임없이 고민하는 마당에 대학도 졸업하기 전에 자신에게 꼭 맞는 일이 무엇인지 판단하기란 어쩌면 불가능하다는 생각이 든다. 다만 막연히 좋은 회사, 잘나가는 직업을 향해 달려가기보다는 자신에게 꼭 맞는 자리가 어디일지 고민하며 걷다 보면, 조금씩 조금씩 목적지가 선명해지는 것 아닐까?

돈이 없어 듣지 못하는 외로운 사람이 없는 세상 만들기

"일반 기업가는 돈만 벌면 되지만, 사회적 기업가는 착하게 돈을 벌어야 해요. 그렇기 때문에 더 깊이 고민해야 하고 그에 맞는 실력도 갖춰야 하죠. 제 경우엔 재무 쪽이 약했기 때문에 은행에 입사해서 2년 동안 일을 배웠고, 다음은 기업 비즈니스에 대해 최대한 빨리 배워야겠다고 생각했기 때문에 전략 컨설팅 회사에 들어갔어요. 원래 1~2년 더 있으려고 했는데, 딜라이트에 오면서 생각보다 빨리 사회적 기업가로서의 첫걸음을 시작한 거죠."

그가 은행을 그만둔다고 했을 때, 주변 사람들 반응은 비슷했다. 왜 그 좋은 회사를 그만두고 컨설팅 회사를 가느냐. 잘릴 리 없고, 연봉도 많고, 나중엔 애들 학비 나오고, 은행지점장이 될 수도 있을 텐데. 그리고 그가 다시 컨설팅 회사를 그만둔다고 했을 때의 반응 역시 '왜 컨설팅 회사를 그만두고 사회적기업에 가느냐'였고. 그런데 그의 입장에서는 그 모든 것이 그냥 과정이었다. 애초부터 목표가 은행지점장이었다면 당연히 거기서 멈췄을 테지만, 그의 목표는 사회적 기업가였기 때문에 안정성이나 사회적 지위를 포기하는 것은 생각보다 큰 문제가 아니었단다. 그리고 그는 아직 그 과정을 밟고 있다고 이야기했다.

그의 이야기를 들으며 이런 사람도 있구나 싶었다. 하지만 나라면 꽤 망설였을 텐데 그도 조금은 망설이지 않았을까? 이제 서른인데, 그럼 결혼도 생각할 나이고 게다가 남자들은 보통 가장으로서의 책임감까지 결혼 전부터 가지고 있던데. 그래서 그냥 속 시원히 물었다. 선택을 후회한 적은 없는지.
"그래서 아버지께서 좀 반대하셨죠, 하하. 하지만 아직 하고 싶은 게 너무 많아요. 결혼을 2년 뒤라고 한다면, 계획하고 있는 것들을 재미있게 하면서 그때까진 여기에 올인 하고 싶어요. 그때쯤이면 돈도 벌지 않았을까라는 막연한 생각도 들고요. 돈이야 하기 나름 같아요. 제가 열심히 하면, 그에 대한 보상으로 따라오는"
역시나 기대를 저버리지 않는 대답이었다. 혹시 그의 대답이 현실과는 동떨어진 답이라고 느끼는 사람도 있을지 모른다. 사람이란 다를 수밖에 없고 나 역시 그를 온전히 이해할 수는 없었으니까. 하지만 그의 자신감과 믿음이 노력과 만나 그의 목표와 바람을 현실로 만들어 줄 것 같다는 뜻에는 기꺼이 한 표를 던진다. 왜냐하면 딜라이트가 이미 그 과정을 보여줬기 때문이다.

'딜라이트는 돈이 없어 듣지 못하는 외로운 사람이 없는 세상을 만들기 위해 설립된 청년 소셜벤처입니다.' 이는 딜라이트가 스스로 정의한 딜라이트다. 그리고 이들은 청각장애인이면서 동시에 기초생활수급자인 사람들에게 정부가 지원하는 34만 원과 동일한 가격의 보청기를 만들어 냄으로써 그 꿈을 실현하고 있다.
"우선 유통구조를 개선했어요. 보통 보청기 유통구조는 외국 제조업체가 도매상에 넘기면 도매상이 소매상에게 넘기고, 소매상은 매장관리비와 인건비를 붙여서 판매하는 식이에요. 그래서 소비자 가격이 제조 가격과 열 배 정도 차이 나죠. 한마디로 폭리를 취하는 구조예요. 그런데 저희 같은 경우는 직접 제작하고 매장도 운영해 중간 마진을 줄였어요. 그리고 보청기를 표준화해서 제작 단가도 낮췄어요. 보통 보청기가 맞춤형인데, 한국인의 귓본 특성에 맞춰 대, 중, 소로 나눠 기성품을 만든 거죠. 대량생산 체제가 가능하니까 원가는 자연히 낮아졌고요."

더불어 사회적기업 중에는 최초로 기업 부설 연구소를 세웠다.

"하지만 가격만 싸고 제품의 질이 낮다면 한 번만 사고 끝나는 장사죠. 사람들이 딜라이트를 많이 찾는 이유는 기존의 비싼 보청기들과 품질 면에서 차이가 없기 때문이라고 생각해요. 계속해서 제품을 개발하고 있고, 올해 10월쯤엔 신제품도 출시될 예정이에요."

그러나 그는 딜라이트로 만족하지 않는다. 사회적 문제들은 우리나라에도, 해외에도 아직 많기 때문이란다. 스무 개, 서른 개, 비즈니스 할 거리는 무궁무진하다는 그의 시선이 참 멋지게 느껴졌다. 실제로 현재 미술을 공부하는 저소득층 학생들을 위한 학비 지원, 임플란트 가격 낮추기, 대학생 주거환경 개선 프로젝트 등을 고민 중이라고 했다.

"사회적 문제들을 좀 더 멋지게 해결하고 싶어요. 정부에서 지원금 주고, 수혜자들은 돈을 받아야만 살 수 있고. 나눔이라는 게 마치 연말의 연탄 나누기처럼만 이루어지는 건 재미없잖아요. 난청인 문제도 마찬가지였어요. 정부에서 보조금만 주고 끝나는데, 우리가 이 문제를 어떻게 하면 다르게 해결할 수 있을까 고민하다가 보청기라는 비즈니스가 나온 거죠."

사회적기업이라. 그의 이야기를 들으면 들을수록 굉장히 재미있는 분야라는 생각이 들었다. 사회적기업이란 경제적 가치와 더불어 사회적 가치를 균형 있게 창출하는 기업이라고 그는 설명했다. 그리고 기업이기 때문에 반드시 경제적 가치가 선행되어야 한다고 했다. 비영리 재단이라면 당연히 사회적 가치가 먼저겠지만, 기업은 존속하기 위해 경제적으로 자립해야 하기 때문에 경제적 가치 창출이 우선시 되어야 한다는 것이다. 또한 아직 사회적기업으로서 논란의 여지가 없는 롤모델은 존재하지 않는데 그런 롤모델을 만들어 낸다면 그 기업을 가이드라인 삼아 정부나 대기업의 지원 등이 보다 효율적으로 이루어질 것이라고 했다.

관심은 꿈을 만들고, 꿈은 간절함을 만든다

"본인의 최종 목표가 중요해요. 요즘엔 더 이상 첫 직장이 마지막 직장이 아니잖아요. 그러니 처음엔 다음으로 가기 위해서 본인이 많이 배울 수 있는 곳을 택해야죠. 물론 20대에 돈을 많이 벌고 싶은 사람도 있겠지만, 그보다는 20대에 어떤 경험을 해야 나중에 더 성공할 수 있는가를 고민하는 게 좋을 것 같아요. 그런데 보통 다음 단계에 대한 고민 없이 직장을 구하다 보니 일단 회사에 들어가서 이게 아니지 생각하면 옮기고 옮기고. 그러다 보면 어느 순간 이력서의 경력 관리에 문제가 생기는데, 한 발자국만 먼저 보고 회사를 선택하면 좀 더 수월하게 다음 단계에 갈 수 있지 않을까요?"

그는 중소기업이든 사회적기업이든 자신의 다음 단계, 목표를 고려해서 회사를 선택하라고 조언했다. 만약 자신의 목표에 따라 대기업에 꼭 가고 싶다면 일단 대기업의 계열사나 거래처에 입사해 추후 경력직으로 대기업에 입사하는 것도 하나의 방법이란다. 그리고 자신의 경험상 일을 배우는 입장에서는 큰 회사에서 일하는 것이 필요하더라고 말했다. 큰 시스템을 경험하면 그걸 작게 만드는 건 어렵지 않은데, 그 반대는 어려움이 있다는 것이다. 그래서 작은 회사라 해도 체계가 잘 잡혀 있고 탄탄한 회사에서 배워야 한다고 덧붙였다. 다른 인터뷰에서 "큰 회사에서 일하면 전체 프로젝트의 일부분을 담당하지만, 작은 회사에서는 전체 프로젝트를 한 사람이 맡아 진행하는 경우가 많기 때문에 일의 처음부터 끝까지를 배울 수 있어 좋다"라는 이야기를 들은 적이 있는데, 김정헌의 의견은 약간 달랐다.

그렇다면 답이 뭘까. 아무리 생각해 봐도 두 의견 모두 맞다. 대규모 프로젝트는 자본력이 있는 큰 회사에서 진행하지만 그 프로젝트의 실무를 담당하는 곳은 대개 작은 회사이기 때문이다. 나의 경험에 비추어 본다면, 예를 들어 어떤 대기업에서 새로운 브랜드를 출시한다고 하자. 그럼 이를 홍보하기 위해 대기업의 담당자들이 어떤 매체를 활용할지 계획을 세우고 큰 틀을 잡는다. 그런 다음 TV광고, 온라인 홍보, 오프라인 홍보, 프로모션 등 매체별 회사를 섭외한다. 그럼 각 작은 회사들이 구체적인 아이디어를 내고 실제적인 결과물을 만들어 낸다. 그러니 큰 회사에서 큰 시스템을 경험한다는 말도 맞고, 작은 회사에서 실무의 처음부터 끝까지를 배울 수 있다는 말도 맞는 것이다. 결국은 각각 장단점이 있으니 직종별로 규모에 따른 회사의 특성을 파악하고 자신에게 맞는 곳을 찾아가야 하는 것 같다.

"즐겁죠, 하하, 대답이 너무 늦게 나왔나요?"
일이 즐거운지 묻는 질문에 그는 잠깐 뜸을 들였다. 그는 멋쩍어 했지만 나는 그 시간차에 진솔함이 느껴져 반가웠다. 왜냐하면 일이 항상 즐거울 수는 없으니까. 때로는 힘들고 지치지만 그걸 극복하게 하는 무언가가 진짜 일의 즐거움이자 원동력이니까.
"하고 싶은 걸 해서, 그리고 지금까지 준비해 왔던 것을 터뜨릴 수 있는 기회가 생겨서 즐겁죠. 재미가 없으면, 좋아하는 일이 아니면 하기 힘든 것 같아요. 간절히 원하는 게 있으면 계속 달려가잖아요. 저는 사회적 기업가가 되고 싶어서 지금까지 달려왔고, 막상 사회적 기업가가 되니까 이걸로 더 성공하고 싶다는 간절함도 생기고. 그 간절함이 남에 의한 것이 아니라 스스로가 원해서 생긴 거니까 즐거운 거죠."

사회적 기업가로 첫걸음을 내디딘 그의 개인적인 관심이나 목표는 무엇인지 궁금했다.

"개인적으로 부모 양육에도 관심이 있어요. 청소년 문제, 사회 문제의 상당 부분이 부모 양육에서 시작되니까요. 그런데 부모로서 전문적 교육을 받을 수 있는 커리큘럼이 국내엔 거의 없고, 있어도 경제적으로 여유로운 몇몇 학부모들만 듣는 형편이죠. 그래서 거기에서 교육하는 분들과 함께 또 다른 사회적기업을 만들고 있어요. 저소득층 혹은 다문화 가정의 이주 여성들에게 무료로 바른 부모 양육에 관해 교육하는 사업을 생각하고 있죠."

더불어 그는 딜라이트의 비즈니스가 어느 정도 자리를 잡으면 공부를 더 하고 싶다고 했다. 공부를 하고 돌아와 사회적기업을 인큐베이팅 하는 회사를 만들거나, 사회적 기업가가 되려는 학생들의 선생님이 되는 것도 재미있겠다고 이야기하는 그의 눈이 반짝였다. 꿈을 먹고 사는 사람 같았다. 망상으로 끝나는 꿈이 아닌 실현 가능한 꿈을 꾸고 그걸 체계적으로 실천해 가는 김정헌이라는 이름 앞에 청년 사회적 기업가라는 수식어를 붙이기에 부족함이 없었다.

옆 사람을 배려하다 보면 뒤통수 맞기 십상인 경쟁 구도 속에서 매일을 살고, 학자금 대출 갚으랴 월세 내랴 월급 아닌 월급으로 살아가다 보니 나눔 같은 건 잊고 살게 되더라는 친구의 말에 가슴 아팠던 적이 있다. 남을 돕는다는 것이 뭘까. 결국 그 첫 단추는 주변, 나 아닌 타인을 향한 관심이 아닐까? 딜라이트의 보청기도, 그의 꿈도, 바로 그곳에서 시작되었다는 생각이 든다.

'저 높이 솟은 산이 되기보다 여기 오름직한 동산이 되길, 내가 가는 길만 비추기보다는 누군가의 길을 비춰 준다면.' 공감할 수도 있고 공감하지 못할 수도 있지만, 나 역시 노력하고 있다 하기에도 부끄러울 만큼 이기적인 마음으로 살 때가 많지만, 그럼에도 나는 꿈꾼다. 상투적인 표현이지만 결코 쉽지 않은, 더불어 사는 세상을.

tip
우리나라에는
어떤 사회적기업이 있나

딜라이트 김정헌은 그의 인생을 바꿔 놓은 책 〈세상을 바꾸는 대안 기업가 80인〉을 추천했다. 그는 이 책을 읽고 사회적 기업가로서의 꿈을 더욱 분명히 할 수 있었다고 한다. 책에는 유럽, 아시아, 아메리카, 아프리카 등지에 살고 있는 사회적 기업가 80인의 이야기가 실려 있다. 저자인 두 청년, 실벵과 마튜는 오랫동안 꿈꾸어 오던 세계일주를 떠나 지구와 인류를 위해 지속 가능한 발전에 기여하고 있는 기업가 80인을 찾았다. 현재 우리나라에는 어떤 사회적기업이 있을까? 김정헌이 소개한 몇몇 사회적기업에 대해 알아봤다.

베네핏 매거진   베네핏 매거진은 사회적기업과 관련한 내용을 중점적으로 다루는 잡지 회사이자, 그 자체로 사회적기업이다. '사회 혁신'이라는 키워드를 바탕으로 더 나은 세상을 만들고자 하는 사람들과 아이디어를 찾아내 소개하고 있다.
잡지는 사회적기업에 대한 내용뿐만 아니라 환경, 청년, 노인, 장애인, 다문화와 관련한 사회적 쟁점을 이야기함으로써 독자들의 사회 참여를 이끌어 낸다. 더불어 예술, 방송, 디자인 등의 문화 콘텐츠와 먹거리, 일자리 등의 전반적인 삶을 비롯해 웹, SNS, 모바일, 에너지 등의 기술과 관련한 기사도 함께 다룬다. 베네핏이라는 이름처럼 잡지의 태생과 성격이 사회에 이점이 되기 때문에 긍정적인 평가를 받고 있으며, 콘텐츠의 퀄리티가 높아 그 자체로서도 호응을 얻고 있다.
www.benefitmag.kr

트리플래닛 트리플래닛은 나무를 심어 세상을 바꾸고 싶다는 꿈을 꾸며, 세상에서 가장 스마트한 방법으로 나무를 심는 기업이다. 생물 다양성 감소와 지구온난화 같은 환경 문제를 해결하기 위한 핵심 과제가 산림의 역할과 기능 회복이라는 것에서 착안한 사업이다.

트리플래닛은 스마트폰으로 나무를 키우는 무료 앱(App)을 개발했다. 그리고 사람들이 앱에서 가상 나무를 키우면 실제로 나무를 심고 키워 준다. 그런데 앱이 무료라면 나무를 키우기 위해서 필요한 자금과 물, 비료는 어디에서 충당하는 걸까? 앱 사용자는 앱에서 물 펌프나 비료 아이템으로 나무를 키우는데, 이런 아이템에 기업의 로고가 들어간다. 트리플래닛은 이처럼 로고를 활용해 기업을 광고하고, 기업으로부터 광고비를 받아서 NGO에게 전달한다. 그러면 NGO는 그 자금을 가지고 사막 등에 숲을 만드는 것이다. 현재 트리플래닛이 조성한 숲으로는 가나 '생명의 물 펌프', 몽골 '한화 태양의 숲', 인도네시아 '어린이 숲', 한국 'DMZ 평화의 숲' 등이 있다.

www.treepla.net

임팩트 스퀘어 임팩트 스퀘어는 CSV(Creating Shared Value)라는 새로운 패러다임 안에서 기업의 CSR(Corporate Social Responsibility) 전략을 세우고 사회공헌 활동을 기획하거나, 사회적기업의 모델을 제시하고 비영리 경영에 맞는 구체적인 방법들을 제안하는 컨설팅, 인큐베이팅, 지식 서비스 기업이다.

임팩트 스퀘어는 우리가 일반적으로 알고 있는 비즈니스의 성공 전략이나 혁신 모델, 생태계 구축 등에 새로운 코드를 제안한다. 이익 극대화, 경제적 성장, 경쟁 모델, 단기 실적주의 등의 전통적 코드에 갇힌 비즈니스 분야에 '공유 가치'라는 새로운 코드를 불어넣고자 하는 것이다. 이들은 '경제적 가치는 비즈니스가', '사회적 문제를 해결하거나 가치를 창출하는 일은 비영리 기관이나 공공 영역이' 각각 전담하는 이분법적 접근 대신 기후 변화, 환경 파괴, 자연 재해, 실업과 빈곤, 질병, 물 부족 등 다양한 사회 문제 속에서 비즈니스 기회를 발견하는 것이 바로 공유 가치를 창출하는 전략이라 말한다.

임팩트 스퀘어가 상상하는 비즈니스의 미래는 기업들이 공유 가치를 전제로 구체적인 비즈니스 전략을 수립하고, 이익 극대화가 아닌 임팩트 극대화가 기업의 성공을 결정하는 임팩트 비즈니스다.

www.impactsquare.com

시지온

시지온은 온라인 소셜 댓글 서비스 라이브리(www.LiveRe.com)를 개발하고 운영하는 기업이다. '사람과 사회, 자연이 자유롭게 소통하는 세상'이라는 비전 아래 사람이 행복해지는 인터넷 공간을 만들기 위해 노력하고 있다.

온라인 공간에서의 커뮤니케이션과 문화에 대한 끊임없는 고민, 연구 끝에 탄생한 라이브리는 언론사 뉴스사이트, NGO, 공공기관, 기업 블로그 등 다양한 웹사이트에서 매일 수만 개의 댓글을 생성하는 댓글 전문 서비스다. 각 사이트에서 라이브리를 통해 댓글을 달게 하면, 방문자는 트위터나 페이스북 등의 SNS 계정으로 댓글을 달게 된다. 그런데 이 같은 방법은 댓글 다는 사람의 신분을 확인시켜 주기 때문에 별도의 번거로운 실명제 가입 없이도 악성 댓글을 자연스럽게 방지한다. 시지온은 이처럼 사회문제 해결을 위해 힘쓰고 있을 뿐 아니라 NGO 등의 비영리 단체에는 라이브리 서비스를 기부에 가까운 가격으로 지원하고 있다.

www.cizion.com

"단지 돈만 버는 기업가가 아니라 사회 이면에 있는 것들에 대해 실제적인 솔루션을 제공할 수 있는 기업가가 되어야겠다고 결심했죠. 하고 싶은 걸 해서, 그리고 지금까지 준비해 왔던 것을 터뜨릴 수 있는 기회가 생겨서 즐거워요. 재미가 없거나 좋아하는 일이 아니면 하기 힘든 것 같아요. 간절히 원하는 게 있으면 계속 달려가게 되잖아요. 저는 사회적 기업가가 되고 싶어서 지금까지 달려왔고, 막상 사회적 기업가가 되니까 보다 더 성공하고 싶다는 간절함도 생기고. 그 간절함이 남에 의한 것이 아니라, 스스로가 원해서 생긴 거니까 더 즐거운 거죠."

chapter

6

나는 일이 즐겁다

11. 즐거움은 자신감으로부터

펜제너레이션스
문현걸 전임 연구원
(33세, 입사 2년차)

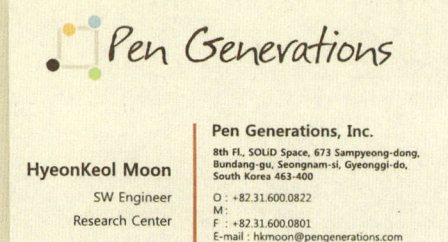

펜제너레이션스

닷패턴 및 디지털펜 원천 기술을 보유한 아노토, 교육 솔루션 회사 티스터디, 통신 칩과 시스템 개발 회사 아미커스가 합작하여 2011년에 출범한 회사로, 스웨덴 아노토사 기술에 기반하여 디지털펜, 닷패턴 제품과 관련 솔루션을 개발하는 벤처회사다. 현재 한국 시장뿐만 아니라 아시아 시장을 중심으로 디지털펜을 개발하고 판매하고 있다. 디지털펜이란 닷패턴을 0.3mm 간격으로 불규칙하게 이차원 배열하여 인쇄한 종이에 디지털펜으로 필기하면 그 모양 그대로 디지털 기기에 옮길 수 있는 똑똑한 기기다. 강용훈 대표가 이끌고 있으며 분당 판교에 위치하고 있다.

www.pengenerations.com

문현걸 전임 연구원

석사과정을 마친 후 이제 사회 생활 5년차에 접어든 프로그램 개발 엔지니어다. 어렸을 때부터 컴퓨터가 좋아 매일 파고들다 보니 자연스럽게 개발자로서의 삶을 살게 되었다. 전자통신학을 전공해 네트워크, 프로그램, 하드웨어 등 다양한 학문을 접했고, 그 배움을 바탕으로 세 개 회사를 거치며 여러 분야에서 일하다 펜제너레이션스에 입사했다. 현재 그는 아노토사의 기술에 크게 기반하지 않은 본인의 첫 제품 개발에 몰두하고 있으며, 그 제품으로 어떻게 사용자에게 더 큰 즐거움을 줄 수 있을지 고민 중이다.

어느 개발자의
아침 출근길

문헌걸의 이야기

나는 하루를 남들보다 조금 일찍 시작한다. 출근 시간은 아홉 시지만 이른 아침에 맞는 여유를 좋아해서다. 새벽 다섯 시에 눈을 떠 느긋하게 준비를 하고 여섯 시에 집을 나선다. 전동차에 오르니 눈을 감고 있는 사람들이 보인다. 한산한 전동차 안. 자리를 잡고 앉아 태블릿 PC를 꺼낸다.

출근길은 한 시간 반. 이 시간을 활용해 얻을 수 있는 것들은 참 많다. 먼저 개발업계에 무엇이 이슈인지를 확인한다. 너무나 빠르게 변하고 있는 업계의 생리를 따라가지 못하면 개발자로 오래 살아남을 수 없기 때문이다. 실력도 실력이지만 정보의 빠른 습득 역시 개발자의 능력. 누군가는 너무 많은 정보들에 치여 피로를 느낀다고 하고 때로는 그게 사회의 문제가 되기도 한다. 하지만 나는 이 시간이 참 좋다. 모르는 것을 알아갈 때 희열을 느낀다. 그리고 정보를 알고 하나씩 공부하면 할수록 나도 모르게 자신감이

생긴다. 내 일에 적용해 볼 수 있는 가능성이 점점
커지기 때문이다.

어느새 강남역에 도착했다. 이곳에서 다시
신분당선으로 갈아타야 한다. 판교까지 얼마 되지
않는 거리지만 또 다른 공부를 시작한다. 영어 회화다.
프로그램 개발 관련 학문에 쓰이는 용어가 대부분
영어이고 주로 원천기술을 많이 보유한 해외에서
중요한 개발 이슈가 등장하기에 개발자에게 영어
공부는 필수다. 회사 입사 이후 나는 그것을 더욱
뼈저리게 느끼고 있다. 스웨덴 아노토사와 아주
긴밀히 업무를 진행하기 때문이다. 문서를 수시로
주고받음은 물론이고 회의실에는 아노토 직원들과
화상 통화를 할 수 있는 시스템도 갖춰져 있다.

얼마 전, 한 달간 스웨덴으로 출장을 가기 전까지는
사실 문서나 통화를 주고받는 데 크게 문제를 느끼지
못했다. 그동안 연락을 주고받아온 사람들과 조금 더
즐겁게 대화를 나누고 싶었는데 막상 가서는 그러지
못했다는 생각이 들었다. 그래서 나는 요즘 영어
공부에도 몰두하고 있다. 더 가깝게 그들과 소통하는
재미를 찾기 위해서다.
내가 다른 언어를 습득해 소통의 재미를 알아가기

위한 것처럼 나도 아날로그 감성을 디지털로 바꾸는 방식을 통해 색다른 소통을 하는 재미를 사람들에게 전해주고 싶다. 아날로그의 필기 감성을 디지털로 옮기는 작업. 그게 바로 지금 내 일이다.
마치 만년필을 연상케 하는 펜으로 닷패턴이 인쇄된 종이 위에 메모를 끄적인다. 그리고 그 필체는 그대로 디지털 기기 위에 떠오른다.
문서로 글을 나누기는 쉬우나 필체를 공유하기는 어렵다. 사람의 필체는 그 사람을 말해주는 것이기도 하고, 그 사람이 필기할 때 가졌던 순간의 기분을 느끼게도 한다. 그런 면에서 나는 사람들과 필체를 공유하는 일이 멋진 소통 방법이라 생각한다.
아노토의 원천 기술을 기반으로 회사에서 현재 개발하는 디지털펜은 스스로 필기를 저장하며 다른 디지털 기기에 실시간으로 전송할 수 있다. 그게

공유하고 싶은 무엇이든, 자신이 저장하고 싶은 무엇이든 손으로 움직여 쓰기만 하면 가능하다. 이것을 이용해 사람들이 다양한 즐거움을 만날 수 있고 다양한 비즈니스에 활용할 가능성이 무한한데 아직은 어떤 방식으로 사람들에게 다가가면 좋을지 찾아가는 과정에 있다.

일곱 시 반, 회사 헬스장으로 들어선다. 옷을 갈아입고 러닝머신 위에 섰다. 천천히 달리기 시작해 조금 속도를 높여 본다. 그리고 오늘 할 일을 차분히 정리하고 생각한다. 내가 책임지고 개발 중인 ADP-601에 대한 회의가 하나 있다. 아직 해결하지 못한 문제가 있어 며칠 동안 개발자들과 함께 토론을 하는 중이다. 아, 닷패턴 종이 생산 현장에도 들러야 한다. 어제 인쇄가 잘못됐다는 연락을 받았다. 오늘은 조금 정신없는 하루가 될 것 같다. 하지만 나는 즐거운 일을 할 수 있음에, 그 일에 내가 능력을 발휘할 수 있음에 언제나 감사하다.

나는 일이 즐겁다

전민진이
만난
문현걸

일이 과연
즐거울 수 있을까

개인적으로 "일하는 데서 즐거움을 찾아", "잡생각이 들면 더 열심히 일해 봐"라는 말만큼 사람을 더 좌절하게 하는 말은 없다고 생각한다. 슬럼프에 빠진 사람을 더 깊숙한 슬럼프의 구렁텅이로 내모는 말 아닌가. 이미 힘에 부쳐 기진맥진하고 있는 사람에게 그런 조언을 하다니 참 너무하다 싶은 생각도 든다. 그러나 경험상 아무리 고민을 하고 벗어나려 해도, 혹은 진짜 벗어나는 쾌감을 맛봤다 해도 금세 일로 돌아가야 하는 현실을 깨닫는다. 그리고 왠지 모를 불안감에 휩싸이며 이렇게 생각한다. '또 뭘 하며 먹고 살지.' 인정하기는 싫지만 그럴 때마다 일하는 데서 즐거움을 찾고 더 몰두하라는 선배들의 야속한 조언이 떠오른다.

생각해 보면 그들도 이러한 조언을 남에게 건네기까지 뼈 아픈 시기를 거쳐 왔겠지 싶어 이제 조금은 이해를 하게 되었다. 결국 고민해 봤자 다시 일로 돌아갈 수밖에 없고, 슬럼프에 빠지는 건 스스로만 상처 입는 소모적인 일이라는 걸 그들은 말하고 싶었을 것이다. 하지만 나는 그 시간이 결코 소모적이라고 생각하지 않는다. 아무리 옆에서 그렇게 조언해도 슬럼프에 빠지는 건 아무도 말릴 수 없는 본인의 몫이라 생각하기 때문이다. 선배들이 보기엔 참 안타깝기도 하고, 일도 진행해야 하니 조바심이 나겠지만 그래도 조금은 여유롭게 지켜봐 주었으면 한다. 이미 본인도 거쳐온 과정이고 후배들

또한 거쳐 나갈 수밖에 없는 과정이라는 걸 인정하고 말이다. 분명 헤쳐나가는 방법을 스스로 익혀 나갈 수 있을 테니. 그러고 난 후 선택은 뭐, 각자의 몫이다.

나는 여전히 일하는 것은 무엇인가, 어떻게 일해야 가장 즐거울까를 고민하고 있다. 그러다 대체 남들은 어떻게 일하며 살고 있는지 궁금해져 작은 회사에 다니는 다양한 분야의 사람들을 만났다. 신기하게도 그들은 어떠한 조건에 처해 있든 상관없이 모두 자신의 일이 즐겁다 말했고 진짜 그래 보였다. 그중 문현걸은 가장 여유롭고 편안한 미소를 짓고 있었다. 벤처기업에 다니는 개발자를 생각하면 떠오르는 바쁘고 어려운 일을 하는 사람이라는 이미지와는 사뭇 달랐다. 그는 대화 내내 "나는 그냥 일하는 게 재밌다"는 말을 반복했다. 무엇이 그를 그렇게 즐겁게 하는지 궁금했다. 그로부터 일하는 즐거움이란 대체 무엇인가에 대한 나의 근본적인 물음에 답을 얻을 수 있을지도 모른다는 생각이 들었다.

네가 그냥 좋아

문현걸은 '아날로그의 필기 감성을 디지털로 가져오는 일'을 하고 있다고 자신을 소개했다. 솔직히 그를 만나기 전, 그가 하는 일에 대해 제대로 알아듣지 못할까 봐 걱정 했는데 '아날로그의 필기 감성'이라는 말에 걱정이 싹 사라졌다. '아날로그의 필기 감성이라면 내가 좀 잘 알지'라고 생각하며 반갑게 웃었다.
그러나 그 후 그가 하는 설명에 그새 아날로그 감성이 사라졌다. '으악, 어려워!' 나는 불가피하게 중간중간 그의 말을 끊어가며 질문을 해댔다. 그러다 자포자기의 심정으로 그에게 느닷없는 질문을 했다.

"일하는 건 좀 즐거우세요?"

그러자 "저는 프로그래밍이 너무 재미있는 엔지니어예요"라며 당연하다는 듯 답했다.

"왜, 아, 왜요?"라며 말을 더듬는 나.

"그냥 이 일을 하는 게 재밌어요."

그 순간 마치 애인에게 "내가 왜 좋아?"라고 물었을 때, "그냥 네가 너무 좋아"라는 대답을 들은 것 같은 느낌이 들었다. 다른 설명이 필요하지 않을 만큼 좋아한다는 마음이 담긴 말로써 말이다.

문현걸은 초등학생 때부터 컴퓨터를 만지는 게 좋았다. 컴퓨터 수업 시간에 MS-DOS를 처음 배우면서 '이거다!' 싶은 느낌이 들었다고 했다. 명령어를 입력했을 뿐인데 다르게 기능하고 반응하는 게 너무 재밌었다.

"프로그래밍이라는 게 바로 그런 거예요. 제가 어떤 기기에 어떤 기능을 생각해 넣느냐에 따라 기계는 다르게 동작하거든요. 그 재미를 그때 맛보게 된 거죠."

초등학교 6학년 때 486 컴퓨터가 생기면서 그는 본격적으로 컴퓨터에 대해 파헤치기 시작했다. 배우면 배울수록 즐겁고 새로웠다. 게다가 컴퓨터와 프로그램은 일정한 시기를 두고 끊임없이 새 버전이 등장했고 무엇보다 변화도 빨랐다. 다양한 것, 새로운 것을 습득하는 것을 천성적으로 좋아하는 그는 덕분에 학창 시절 내내 지루할 틈이 없었다. 정보통신학을 전공으로 선택한 것도 바로 그 이유다.

"어떻게 보면 정보통신학과는 깊이가 없는 학문이라 여길 수도 있어요. 네트워크, 프로그램, 하드웨어, 소프트웨어를 모두 다루는 학과거든요. 하지만 저는 워낙 여러 가지를 접하고 배우는 일을 좋아하기에 잘 맞았어요. 특정 분야의 전문가가 되는 것도 중요하지만 프로그램이나 디지털 제품이 다양한 만큼 엔지니어의 직업 세계는 아주 넓거든요. 한 가지만 하는 엔지니어로 살기에는 좀 아깝다는 생각이 들었어요. 모두 재미있어 보였으니까요."

펜제너레이션스에 입사하기 전, 그는 세 곳의 회사를 다녔다. 누군가는 한 곳에 진득히 있지 못한다고 말할 수 있겠지만 그에게는 즐거운 일을 찾아가는 과정이었고 지금도 그 과정 속에 있다. 그는 칩의 오류를 검출하는 디버깅 일부터 칩 설계, 자동차 부품 프로그래밍, 통신 칩 프로그래밍 등 그가 원하는 대로 다양한 분야를 경험했다. 그리고 지난 2011년 디지털펜이라는 독특한 제품을 개발하는 지금의 회사에 몸담게 되었다. 그에게는 또 다른 경험과 배움의 기회가 시작된 것이다.

난관을 헤쳐가는 재미

"개발자는 난관을 헤쳐나가는 재미로 살아가요. 지금껏 없던 기능을 가능케 하는, 처음 보는 오류를 해결하는 재미요. 난관이 큰 스트레스로 다가온다면 개발자라는 직업이 사실 잘 맞지 않을 수도 있어요. 하지만 저는 그게 고통스럽지 않고 재밌어요. 난관을 헤치면 변화가 오니까요."

그가 펜제너레이션스에 입사한 것도 난관을 헤친 후 맞은 변화 같은 것이었다. 꽤 안정적이었던 두 번째 직장을 과감하게 그만두고 입사한 세 번째 회사가 아미커스라는 통신 칩 설계 회사인데 입사 1년만에 갑자기 아노토, 티스터디와 합작해 새로운 회사를 출범하겠다고 밝혀왔다.

"처음엔 어리둥절했어요. 사실 첫 번째 회사를 그만둔 이유 역시 회사의 인수합병 문제로 회사가 방향을 잃으면서였거든요. 또 다시 나한테 이런 일이 찾아왔구나 싶어 혼란스러웠죠."

문현걸은 치열하게 고민했다. 다른 직장으로 옮길 것이냐, 새로운 회사를 선택할 것이냐를 두고. 아미커스를 오래 다닐 회사로 점찍고 입사했을 만큼 애정이 컸기에 아쉬움도 컸다. 특히 아직도 생각하면 감탄사가 절로 나올 정도로 뛰어난 능력을 지니고 있었던 당시 아미커스의 사장 최원준 박사가 새로 출범하는 회사와 함께하지 않기로 결정하면서 고민은 더욱 커졌다.

"직원 개개인의 능력을 파악하고 적재적소에서 일할 수 있게 할 줄 아는 분이셨어요. 그분 밑에서 많이 배우고 싶었는데 안타까웠어요. 물론 지금은 열정적으로 회사를 이끌어가시는 사장님, 연구소장님과 함께 일할 수 있다는 데 감사해 하고 있어요."

"그건 그렇고, 회사가 없어지고 바뀌는 일을 두 번이나 경험하신 거예요? 단 5년 동안?"

나는 그의 이야기를 듣다 놀라 물었다.

"벤처회사라는 건 기술력으로 만들어지는 거 잖아요. 기술력은 좋지만 사람들에게 잘 쓰이지 못하면 소용이 없는 건 당연한 일이고, 새로운 기술의 등장도 빠르니 그만큼 회사가 없어졌다 생겼다 하는 일이 많아요. 물론 회사 자체가 안정적인 곳도 있지만 그 속에서도 아마 끊임없는 변화의 과정을 거칠 거예요. 그게 아마 개발자의 또 다른 난관이라면 난관일 수 있겠네요."

나는 지금껏 사람들을 만나오며 작은 회사에 다니는 것에 대한 불안정함에 대해 질문했었는데 문현걸의 이야기는 조금 차원이 달랐다. 사실 내가 기껏 생각한 불안정함이란 많지 않은 보수와 좋지 않은 복리후생 정도였기 때문이다.

"안정적이라는 게 이제는 뭔지 사실 잘 모르겠어요. 그냥 저는 제 일 안에서 평화롭거든요. 물론 상황은 이리저리 변할 수 있고 벤처업계의 변화는 특히나 빠르죠. 스스로 그 변화를 즐기지 못하면 있을 수 없는 곳이 맞아요. 게다가 개발자의 정년은 45세 정도예요. 그것만 보아도 일반적으로 사람들이 생각하는 안정과는 일단 거리가 멀죠."

IT업계는 갈수록 높은 연봉을 지불해야 하는 경력자보다는 새로운 변화에 민감한 젊은 인력을 충원하려 하는 것이 일반적이다. 이것은 원천 기술은 거의 없고, 인력을 투자해 생존하는 한국의 IT업계의 아픈 현실이기도 하다.

"대기업은 조금 더 정년이 늦은 것으로 알고 있어요. 그곳에 다녔다면 조금 더 정년에 대한 압박이 늦춰졌거나 더 많은 돈을 모아 놓을 수도 있었을 테고요. 하지만 다양한 경험을 해보지는 못했겠죠? 이렇게 새로운 것을 공부할 기회도 없었을 거고, 디지털펜도 접하지 못했을 거예요."

이 말을 듣고 그가 난관 헤쳐나가기를 좋아한다는 게 무엇을 말하는지 제대로 감이 잡혔다. 나 역시 새롭고 다양한 일을 경험하고 싶은 마음이 크다. 하지만 그러한 마음이 크다고 해도 일정 나이가 되어 먹고 사는 것에 위협을 느낄 정도라면 아무리 좋아하는 일이라도 쉽게 그 직업을 선택하지도, 즐거움을 느끼지도 못했을 것 같다. 그 기색을 눈치챈 듯 문현걸은 나에게 이렇게 말했다.

"어차피 평생 한 가지 길을 간다는 게 요즘에는 어려운 일이 되었잖아요. 큰 기업에 간다고 해서 평생 그곳에서 일할 수 있는 것도 아니고요. 내 능력을 발휘할 수 있는 곳을 찾아 다양한 갈래의 길을 가보는 게 얼마나 즐거운 일인데요. 가다 보면 어려움도 있고 괜히 왔구나 싶은 길도 있겠지만 알고 난 뒤에는 분명 얻는 게 있을 거라고 생각해요. 남들이 가는 길로만 가고 모르는 길이라고 피하기만 하면 그 속에서만 볼 수 있는 작은 꽃이나 개울은 보지 못할 테죠."

성공하리라는 확신이나 보장도 없었지만 그는 이러한 생각을 바탕으로 펜제너레이션스를 선택했다. 디지털펜이라는 또 다른 가능성, 또 다른 재미에 도전해 보고 싶은 마음이었다.

일이 즐거울 수 있는 비밀

"디지털펜은 쉽게 생각하시는 것처럼 전자 패드 위에 글씨를 써서 디지털 기기로 옮기는 제품이 아니에요. 닷패턴이 인쇄된 진짜 종이 위에 마치 만년필처럼 생긴 디지털펜으로 글씨를 쓰거나 그림을 그리면 옮기고 싶은 디지털 기기에 그대로 옮겨져요. 닷패턴이란 스웨덴 아노토사가 가진 중요한 원천기술이에요. 아노토는 각기 다른 고유한 위치를 가진 촘촘한 점을 지구의 넓이만큼 찍을 수 있는 기술을 가지고 있어요. 종이나 필름 등에 그 패턴을 인쇄한 후 디지털펜으로 글씨를 쓰면 카메라 센서를 가진 펜이 점의 고유한 위치를 따라가요. 그렇게 필기가 인식되면 디지털펜은 블루투스를 통해 디지털 기기로 옮겨지는 거죠."

모든 것을 데이터베이스화 하는 게 중요해진 요즘, 메모하는 것마저 디지털 기기에 의존하는 세상이 되었고 사람들은 손으로 필기하는 행위 자체와 멀어졌다. 그래서 그가 하는 일이 진짜 즐겁고 의미 있겠다는 생각이 들었다.

설명하는 그의 눈초리도 다른 가능성을 발견한 듯 꿈꾸는 눈빛이었다.

하지만 도전에는 늘 대가가 따르지 않나? 그에게 낯선 것에 도전했기 때문에 얻은 힘든 점이 없냐고 물었다. 게다가 자주 회사가 들고 나는 벤처업계에서 이제 1년밖에 되지 않은 작은 회사에 다니기에 더욱 많은 이야기를 들을 수 있을 거라 생각했다.

"새로 생긴 작은 회사, 게다가 한번도 들어보지 못한 회사이니 가끔 '요즘 월급은 나와?' 같은 말을 듣기도 해요. 그리고 워낙 격무에 시달린다는 게 개발자에게 고정된 이미지라 '얼굴이 안됐다'는 등의 이야기를 듣기도 하는데 전혀 그렇지 않거든요. 저는 정시에 출근하고 정시에 퇴근해요."

늘 격무에 시달리는 개발자만 보아와서인지 좀처럼 믿을 수 없는 답이었다.

"작은 회사라고 해서, 그리고 개발자라고 해서 모두 격무에 시달리는 건 아니에요. 왜 그런 생각을 하는지 잘 모르겠어요. 그래서 지금 이공계 기피현상이나 벤처기업 인력난이 생겨나는 거겠죠? 또 말씀하신 것처럼 낯선 분야에 도전했기 때문에 대가가 따른 건 맞아요. 대신 그 대가는 긍정적인 거예요. 낯선 분야인 만큼 알기 위해 끊임없이 공부를 해야 하고 저는 그만큼 지식을 얻고 성장하죠. 특히 개발자는 공부를 하지 않으면 살아남지 못해요. 공부를 해야 남다른 기술을 고안해 내고 맡은 임무도 해낼 수 있죠. 그 과정이 저는 재밌어요."

이 대목에서 나는 '일이 과연 즐거울 수 있을까'에 대한 물음에 대해 그와 내가 생각하는 결정적인 차이가 무엇인지 알았다. 나에게 일은 일이었다. 그래서 '아무리 재밌는 일이라도 일이 되면 괴롭다'는 근거 없는 믿음을 고수하며 지냈다. 하지만 문현걸에게 일은 계속해서 배워나가야 할 학문의 영역에 있었다.

"사람은 하루에 반 이상을 일을 하며 보내잖아요. 근데 그 안에서 뭐든 배울 수 없다거나 의미가 없다면 저는 일할 이유가 없다고 생각해요. 그리고 당연히 즐거워야 하고요."

그가 격무에 시달리지 않는 비밀도 그러한 그의 평소 태도에서 찾을 수 있었다. 늘 공부하기에 난관에 부딪혀도 빠르게 해결할 수 있는 자신감이 있고 그만큼 시간의 여유도 생기는 것. 마치 수학 문제를 증명하듯 곧게 흐르는 이야기를 문득 믿기 어려워 회사 생활 자체의 어려움은 없는지 물었다. 적지 않은 나이지만 그가 여전히 회사에서 막내라는 말도 스치듯 들었다.

"네트워크나 서버 관리 등 막내가 해야 할 일을 해요. 하지만 일반적으로 생각하는 막내의 역할을 하지는 않아요. 또 회사의 분위기가 경쟁적이거나 강압적이지 않거든요. 서로의 직급과 경험을 존중하는 것은 당연하지만 일에 있어서는 직급을 중요하게 생각하지 않아요. 아무리 높은 직급에 있다 해도 모르면 아랫사람에게 물어보는 게 우리에겐 너무 자연스러운 일이에요. 문제가 생기면 해결책을 찾기 위해 서로를 설득하고 문제가 무엇인지 알아가는 데 시간을 가장 많이 쏟죠. 그러니 자신의 능력을 키우는 일을 가장 중요하게 생각할 수밖에 없어요."

평소 수평적이라는 것은 구글처럼 기업문화가 재미있는 데서부터 오는 것이라 생각했기에 그의 이야기는 더욱 신선했다.

"수평적인 문화는 모두 한 방향을 보고 같이 갈 때 생길 수 있는 것 같아요. 창업 초기이기 때문에 저희는 하루 빨리 좋은 제품을 만들어 출시하는 게 목표거든요. 그렇기에 서로 끊임없이 대화하며 지식을 나누는 수밖에 없어요. 또 스웨덴 아노토사와 함께 일하기에 생긴 문화이기도 하죠. 얼마 전, 한 달간 스웨덴으로 출장을 다녀왔어요. 그곳은 하나의 제품을 출시하는 데 아주 오랜 시간을 공들여요. 하나의 문제가 발생하면 그 문제를 해결하기 위해 계속해서 토론의 과정을 거치죠. 같이 일하면서 물론 일을 더 빨리 진행하고 싶은 마음이 크게 들 때도 있어요. 뭐든 빨리빨리 해결하고 싶은 한국인의 입장에서는 말이죠. 하지만 여유롭게 생각하는 과정에서 더 좋은 해결책을 얻을 수 있고 사용자들도 그만큼 좋은 제품을 사용할 수 있으니 좋은 점이 더 많죠."

그들과 일하는 동안 문현걸은 조금 더 여유롭게 이 분야에 대해 공부할 수 있었고 덕분에 지금 그는 아노토의 제품 기술에 크게 기반하지 않은 그의 첫 작품 출시를 앞두고 있다. 디지털펜이 현재는 필기를 주로 하는 학생들과 친필 서명 문서를 관리하는 폼비즈니스 분야에 적용되고 있지만 그는 이 제품이 앞으로 더 많은 사용자들을 만나 빛을 발할 수 있으리라 믿고 있다. 그의 설레는 마음이 나에게도 전해졌다.

끝으로 그의 꿈은 무엇인지 물었다.
"정년까지는 이제 12년 정도가 남았어요. 그 안에 디지털펜을 많은 사람들에게 소개하고 싶어요. 또 개발자로서 다른 분야를 경험해 보고도 싶고요. 정년이 지난 후에는 NGO에서 일을 하겠다는 목표를 세웠어요. 그곳에서 제가 가진 능력을 나누며 즐겁게 일하려고요."

그를 만나고 돌아오는 길, 나에게 "일에서 즐거움을 찾아"라고 말하던 선배들의 말을 다시 한번 떠올렸다. 평생 함께하고픈 일을 찾아 끊임없이 공부하는 그의 모습이 내 선배들이 나에게 원하던 모습이 아니었을까. 하지만 그는 분명 달랐다. 하고 있는 일에서 즐거움을 찾는 게 아니라 하고 싶은 일 안에서 즐거움을 찾는다는 것, 그리고 계속해서 열정적이기 위해 끊임없이 스스로 변화하고 새로운 길을 찾고 있다는 것이.

숙명적으로 맡은 일 안에서 즐거움을 찾아야 할지, 아니면 진짜 좋은 일을 찾기 위해 계속해서 방황해야 할지. 무엇이 진정 옳은 답인지는 모른다. 하지만 이제 나는 내가 마음으로부터 깊게 좋아할 수 있는 일을 찾아보려 한다. 그와 같이 이것저것 재지 않는 부지런한 걸음으로. 그만 방황을 끝내게 될지, 계속 방황하게 될지 모르지만 말이다.

tip
새로운 기술을 만나자!

끊임없이 등장하는 새로운 기술. 이제는 그것에 좀 무뎌질 법도 한데 나올 때마다 놀랍고 신기하다. 그만큼 IT업계는 늘 사람들을 놀라게 할 만한 기술을 내놓기 위해 분주하다. 그 속에서 일하는 문현걸은 계속해서 업계의 동향에 주시하고 관심을 갖는다. 지금 그가 주목하는 재미난 기술과 제품에는 어떤 것이 있을까? 더불어 IT업계의 트렌드를 볼 수 있는 박람회도 함께 소개한다.

디지털펜 ADP-601   우리 눈에는 거의 보이지 않을 정도로 미세한 닷패턴이 인쇄된 종이 위에 손으로 글씨를 쓰면 PC, 스마트폰, 태블릿 PC 등 디지털 기기에 자동으로 옮겨지는 것이 디지털펜의 주요 기능이다. 디지털펜은 그 기능 때문에 손으로 필기하는 학생들과 문제를 풀이하는 선생님들을 타깃으로 사업을 확장할 예정이다. 또한 손으로 직접 한 서명을 저장해야 하는 폼비즈니스 분야, 출판 분야 등 적용할 수 있는 영역이 무궁무진하다.

문현걸이 개발에 참여한 디지털펜 ADP-601 모델은 다양한 기능을 선보인다. 먼저 손글씨로 작성한 내용이 자동 분류, 색인, 검색되는 놀라운 기능을 구현하며 학생과 선생님 간에 자동 채점과 첨삭이 가능하거나 디지털펜의 녹음 기능, 카메라 기능을 통해 원거리에 있는 사람들과도 더 가깝게 소통할 수 있다. 뿐만 아니라 MS Office 프로그램과 연동하여 손으로 쓴 글씨를 문서화하고 인쇄할 수 있으며 물론 자연스런 손글씨를 문서에 직접 올릴 수도 있다. 말 그대로 아날로그의 필기 감성을 디지털로 옮기는 작업이 그대로 구현되는 것이다. 디지털펜이 앞으로 가져올 변화를 기대한다.

Flexible LCD

흔히 아몰레드라고 알고 있는 플렉서블 LCD라는 제품은 말 그대로 자유자재로 화면이 휘어지는 제품을 말한다. 액정을 사용하는 휴대폰, 시계, 태블릿PC 등 앞으로 많은 기기에 이 기술을 적용할 수 있어 많은 회사들이 연구에 박차를 가하고 있다. 이 제품은 약 0.45mm로 아주 얇지만 망치로 때려도 파괴되지 않을 만큼 아주 강하다. 또 얇기 때문에 스마트폰에 적용된다면 액정의 두께가 줄어든 대신 배터리 용량을 늘릴 수도 있다.

이 기술을 적용한 전자 종이는 손으로 휘어지는 형태의 디자인이 가능해 책을 쥐고 읽는 것과 같은 형태의 전자책 설계가 가능하다. 이에 따라 전자책 시장도 더욱 활성화될 전망이다.

Leap Motion

립 모션은 미국에서 개발한 제품으로 2012년 말이나 2013년 초에 출시를 앞두고 있다. 이것은 몸동작을 컨트롤하는 마우스로 노트북이나 데스크탑 앞에 설치하고 제품 위에서 움직이면 사람의 0.01mm 움직임까지 감지하여 입력 데이터로 변환해주는 신기한 제품이다. 2002년 개봉한 톰 크루즈 주연의 〈마이너리티 리포트〉라는 영화에서 톰 크루즈가 스크린을 향해 손으로 모든 기능을 움직이던 영상을 떠올리면 쉽게 이 제품을 이해할 수 있다. 손을 움직여 직접 그림 그리기, 지도 확대, 게임 동작 등 컴퓨터에서 필요한 움직임을 생생하게 구현할 수 있다. 단지 자연스러운 손동작만으로 컴퓨터 프로그램 작동을 가능케 하는 립 모션. 덕분에 이제는 키보드나 마우스가 필요하지 않을지도 모른다.

LED 통신

LED(발광 다이오드) 통신은 형광등에서 발산하는 빛이나 표시 기기 등에서 사용하는 LED의 가시광선을 눈에 보이지 않는 속도로 점멸시켜 정보를 전달하는 통신 기술이다. 전원 콘센트에 꽂아 고속 인터넷을 이용하는 전력선 통신에 조명 기구를 연결하여 인터넷에 접속하도록 하는 방식으로, 조명을 이용하기 때문에 전력의 손실이 낮아 친환경적이다. 또, 빛을 차단하기만 하면 정보가 실외로 새어나갈 염려가 없어 무선 LAN에 비해 안정성이 높다. 대역폭의 제한이 없어 여러 대의 컴퓨터가 한꺼번에 이 통신을 사용해도 속도에 영향을 주지 않는 것 역시 이 기술의 장점이다.

트렌드를 한눈에 볼 수 있는 IT 박람회

- **월드 IT쇼**

국내 최대 IT 전시회인 SEK와 KIS를 통합한 IT 전시회로, 2008년 6월 서울에서 열린 OECD 장관회의의 공식 부대행사로 마련되면서 처음 시작했다. 현재는 서울 삼성동 코엑스에서 매년 5월 열리며 2012년에 5회를 맞았다. 월드 IT쇼는 디지털 정보가전 및 통신·컴퓨터 기술 발전 방향을 한자리에서 조망할 수 있는 첨단기술의 경연장으로 630여 개의 국내외 IT 기업이 참석하며, 매년 15만 명이 넘는 사람들이 방문한다.

- **한국전자전 KES**

한국의 전자 산업에 부흥을 일으키고 수출 판로를 개척하기 위해 1969년 덕수궁에서 처음 개최되었다. KES는 진공관라디오를 시작으로 칼라 TV, 반도체, 휴대폰 등 우리나라 전자산업의 대외창구 역할을 담당해 왔다. 현재는 매년 10월, 일산 킨텍스에서 행사를 개최하고 있으며 6백여 개 이상의 국내외 기업이 참가하는 등 현 IT 업계의 최신 트렌드를 한눈에 살펴볼 수 있다.

- **세빗 CeBIT**

1986년에 처음 시작한 박람회로 매년 3월 하노버에서 개최된다. 전 세계의 5천여 개 이상의 업체가 참가하는 이 박람회는 유무선 네트워크, 디지털 및 온라인 이동통신 분야에 주력하는 행사다. 세빗은 최신 기술을 놓고 벌이는 경연장의 역할보다는 이미 소개된 제품과 기술을 놓고 바이어들과 구체적인 구매 상담을 벌이는 실제적인 장으로 알려져 있다.

- **국제전자제품박람회 CES**

1967년 개최된 이후 매년 1월 미국 라스베가스에서 열리는 세계 최대 전자제품 박람회다. 4일 안팎으로 열리는 이 박람회에는 오디오, 비디오, 컴퓨터를 비롯해 홈네트워크, 모바일 등 일상생활과 관련된 모든 종류의 가전제품이 전시된다. 매년 전 세계 2천여 개에 달하는 주요 업체가 참가하는 전시이기에 전 세계 가전 업계의 흐름을 한눈에 알 수 있다. 특히 개막날 빌 게이츠 등 유명한 기조 연설자의 등장으로 세계인들의 주목을 받는다.

"그렇게 이상한가요? 일하는 게 즐겁다고 말하는 거요. 하루의 반 이상을 일하는데 즐겁지 않으면 어떻게 일하겠어요. 누구든 무엇보다 즐거운 일을 해야 한다고 생각해요. 그것에 대해 공부하고 알아가는 것조차 즐거울 수 있는 일 말이죠. 안정적인 것보다 중요한 게 바로 그거예요. 평생 한 가지 일을 한다는 것, 한 직장에서 일한다는 것은 이미 어려운 일이 되었잖아요. 하지만 자신이 좋아하는 분야 안에서 끊임없이 새로운 시도를 하고 공부한다면 결국 또 다른 방향을 찾는 게 훨씬 수월하겠죠. 제가 짧은 개발자로서의 수명이 다하면 NGO에서 일할 목표를 세운 것처럼 말이죠."

12. 일의 즐거움이란 무엇일까

아담'스페이스
민지영 대리
(29세, 입사 2년차)

아담'스페이스 Adam' Space

2009년 설립. 대표 김은. 서울의 홍대입구역 가까이에 위치해 있으며, 직원은 일곱 명 정도다. 문화 콘텐츠 전문 마케팅 대행사로, 영화, 공연, 축제 마케팅 경험이 다양하다. 마케팅한 주요 작품은 뮤지컬 〈울지마 톤즈〉와 〈페이스오프〉, 연극 〈악역배우 남달구〉와 〈이기동 체육관〉, 영화 〈사다코3D: 죽음의 동영상〉과 〈더 레이븐: 에드가 앨런포의 사라진 5일〉, 애니메이션 〈돼지의 왕〉 등이다. 아담'스페이스는 사람과 공간이라는 의미를 담고 있다. 사람이 만든 공간을 채우는 빛과 숨어 있는 빛을 세상에 알리기 위해 특유의 모험심과 재치를 바탕으로 즐겁게 소통하고 있다.

민지영 문화 콘텐츠 마케터

공대에서 환경공학을 전공했다. 하지만 영국에서 1년간 지내며 뮤지컬에 관심을 갖기 시작했고, 그때 영국 웨스트엔드West End에서 보았던 여러 뮤지컬들이 결국 삶의 방향을 바꾸었다. 그리고 어떻게든 이 분야에서 일하고 싶다는 마음으로 아담'스페이스의 문을 두드렸다. 지금은 영화사나 기자들이 이름만 대면 아는 아담'스페이스 민지영으로 성장하길 꿈꾸며, 문화 콘텐츠 마케터로서 방대한 업무량을 너끈히 소화하고 있다. 프로젝트가 끝날 때쯤 되면 어느새 다음 작품 생각에 설레기 시작한다는 그는, 오늘도 새로운 작품을 들고 세상의 문을 두드리고 있다.

어느
휴일 오후

**민지영의
이야기**

모처럼 마음 편히 쉬는 주말이다. 이런 날엔 기분
전환도 할 겸 네일숍에 가 줘야지. 아, 햇빛이
좋구나. 아침에 출근해 밤 늦게까지 사무실에 앉아
있으니 봄이 오는 줄도 모르고 있었는데. 올 봄에는
꽃구경 갈 수 있으려나, 또 못 가려나. 그나저나
다음다음 주 주말에 시작하는 뮤지컬이 잘 되어야
할 텐데 걱정이다. 주말만큼은 걱정 없이 쉬어야겠다
싶다가도, 금세 또 일 생각으로 머릿속이 가득 차니.
나조차도 이런 날 모르겠는데, 부모님이야 매일 일에
빠져 사는 나를 이해 못 하시는 게 당연하다.
아, 모르겠다. 복잡해. 오늘은 쉬자 쉬어.
아, 날씨 좋~다!

"어머, 언니 안녕하세요? 왜 이렇게 오랜만에 왔어요."
"하하, 안녕하세요? 조금 바빴어요."
"요즘엔 무슨 작품 하세요? 일은 여전히 많아요?
그래서 한동안 못 왔구나?"

자주는 아니지만 작년부터 꾸준히 다니는 곳이라서
그런지, 이 언니는 나에게 관심이 참 많다. 자리에
앉자마자 질문 세례다. 관심이야 고맙지 뭐. 그런데
사실 요즘엔 딱히 유명한 작품을 하진 않았는데.
혹시 알고 있으려나? 뮤지컬이라 관심이 없으면
모를 수도 있고.

"아, 저 그거 아는데. 어제 TV에서 봤어요."
옆에서 네일을 받고 있던 낯선 사람이다. 그런데 이리
반갑게 아는 체해 주다니.
"정말요? 하하, 감사해요. 케이블에서 인터뷰하는 거
보셨나 보네요. 제가 홍보하는 거라서가 아니고,
그 작품 진짜 좋아요. 시간 되시면 꼭 보세요."
"네, 그럴게요. 재미있는 일 하시네요. 멋있다!"
혹시나 하는 마음에 방송사 인터뷰를 붙였는데,
봐준 사람이 있구나. 노력한 보람이 있네. 큰 방송사가
아니라 고민했는데. 아, 기분 좋다. 그런데 나 너무
크게 웃었나? 표정 관리가 잘 안 된다. 하지만 좋은 걸
어떡해, 헤헤. 이런 때 정말 행복해지는 것 같다.
결국 나의 역할이란 작품을 사람들에게 알리는
것인데, 그 효과를 직접 체험하는 이런 순간이 오면!

사실 이쪽 일이 결코 만만치 않다. 상대할 사람도

많고, 업무량이나 가짓수도 방대하고, 늘 아이디어를 생각해야 하고, 간혹 일정이 맞지 않으면 인터뷰하러 주말에도 나가야 하고, 야근 일쑤다 보니 주말엔 녹초가 되고. 웬만한 각오가 아니고서는 오래 버텨내기 힘들어 베테랑인 사람도 그만큼 드문 바닥이다. 그러다 보니 부모님도 친구들도 자주 묻는다. 왜 굳이 이 일을 해야 하는지, 비슷한 연봉의 다른 편한 일도 있을 텐데. 그리고 솔직히 나도 때론 스스로에게 그렇게 묻는다. '꼭 이 일을 해야겠니?'라고.

그런데 참 희한하다. 힘든데, 즐겁다. 재미있다. 뭐라 꼬집어 설명하긴 어렵지만, 정말 그렇다. 어떤 순간은 힘들어 못해먹겠다 싶다가도, 정신없이 일하며 그 고비를 넘기면 프로젝트의 끝이 찾아오고, 그렇게 나를 통해 모여든 관객들과 함께 무대에 올린 공연을 보면서 마음 속이 무언가로 가득 차오르는 기분을 느낀다. 그럼 또 다시 설렘과 기대를 안고 다음 프로젝트를 시작한다. 궁금하다. 모든 직장인들이 나처럼 이런 기분을 느끼려나? 어쨌든 힘들더라도 나는 이 즐거움을 오래오래 느끼며, 아담's페이스 민지영으로 살련다.

나는 일이 좋다

아담'스페이스 민지영

나는 일이 즐겁다

김정래가
만난
민지영

홍보 마케팅에
뛰어들다

나는 지금 글을 쓰고 있다. 특별히 오늘은 박차를 가하리라는 각오로, 아침 일찍부터 일어나 말끔히 씻고 책상에 앉았다. 그런데 저녁이 다 되어가는 이 시간까지 일의 즐거움이라는 주제를 놓고, 썼다 지우기를 반복하며 여전히 서두에서 헤매고 있다. 가슴이 답답하여 조금 전에는 테이프로 밀봉해 놓은, 먹다 남은 과자를 일부러 더욱 와그작대며 씹어 먹었다. 그리고는 이렇게 답답한 마음을 부끄러운 줄도 모르고 여기에 토로하고 있다. 아, 속상하다. 그러나 지금 이 순간 누군가 나에게 전화를 걸어 글 쓰는 일이 재미있느냐고 묻는다면, 나는 일단 큰 소리를 내며 멋쩍게 웃을 것이다. 그리고 이내 '네, 재미있어요'라고 답할 것이다. 왜냐하면 당장은 힘들지만 이 글이 누군가를 찾아가 그 누군가의 마음을 조금이라도 흔들어 놓을지 모른다고 생각하면, 정말로 설레고 행복해지기 때문이다. 아직까지도 명확한 표현을 찾진 못했다. 그렇지만 오늘 내가 종일 고민한 일의 즐거움이라는 게 결국 지금의 내가 느끼고 있는 이런 기분의 연장선 아닐까? 힘든 고비를 극복해 내는 즐거움, 과정 곳곳에 숨어 있는 소소한 즐거움, 더불어 결말에서 기다리고 있는 큰 즐거움을 모두 맛보는 것. 그래서 새로운 산을 또다시 찾게 하는 바로 그것!

점차 흐려지더니 온종일 비가 내리던 날, 오후 세 시쯤. 소개 받은 아담스페이스 사무실을 찾았다. 홍대입구역 대로변 빌딩 14층에 위치해 있는 아담한 사무실. 한창 회의 중이었기 때문에 사무실을 살짝 둘러보고 서둘러 근처 카페로 자리를 옮겼다. 약속을 잡을 때 수화기 너머로 들려왔던 김은 대표의 목소리가 참 밝고 시원시원하다고 생각했었는데, 처음 만난 민지영에게서도 비슷한 분위기를 느낄 수 있었다. 아담'스페이스의 기분 좋은 색깔인 것 같았다. 아담'스페이스는 문화 콘텐츠를 마케팅 하는 회사다. 젊은 사람들이 많은 관심을 갖고 있는 분야 아닐까? 영화, 혹은 뮤지컬 등을 좋아하는 사람이라면 한 번쯤은 이 분야를 직업으로 고려해 봤을 거라는 생각이 든다. 왜냐하면 재미있어 보이니까. 그런데 막상 홍보 마케팅의 업무 범위가 어느 정도인지, 구체적으로 어떤 업무를 말하는 것인지를 아는 사람은 별로 없지 않을까? 나 역시 그랬다. 일단 떠올랐던 것은 포털 사이트에서 볼 수 있는 예고편, 영화관이나 공연장에 가면 비치되어 있는 전단, 버스 정류장이나 지하철 역에서 볼 수 있는 광고 정도? 하지만 이런 업무에 관한 이야기보다 더 듣고 싶었던 건 사실, '즐거워 보이는 일을 하는 그는, 정말 즐기며 일하고 있을까?'라는 조금 짓궂은 궁금증에 대한 솔직한 답이었다.

이름 민지영. 올해로 스물아홉 살이 된 그는 2010년 12월에 아담'스페이스에 입사했고, 관련 업계에서는 이 회사가 첫 직장이라고 했다. 그럼 스물여덟 살을 한 달 남기고 이 분야에 발을 들여놓았다는 건데, 그전까지는 무슨 일을 했던 거지? 그는 재미있게도 공대 출신이었다. 환경공학 전공으로 졸업 후 원래는 수질환경을 개선하는 기계를 만들고 설계하는 회사에 잠깐 다녔다. 그런데 졸업 전 영국에서 어학연수차 1년간 지내며 뮤지컬에 관심을 갖기 시작했고, 그 경험이 지금의 그를 있게 한 것이다.

"2006년에 영국 웨스트엔드에서 공연 중이던 뮤지컬을 거의 다 봤어요. 당시에는 우리나라 뮤지컬 사업이 지금처럼 발전했을 때가 아니었어요. 그래서 그때는 마케팅이 아니라 뮤지컬을 기획해 보고 싶다는 생각을 했었어요. '아, 이런 뮤지컬을 만들면 좋겠다' 하면서 혼자 망상에 쌓여 있었던 거죠. 그런데 돌아와서 다니던 학교를 졸업하고 보니 다른 공부를 시작하기엔 나이가 조금 많더라고요. 어떻게든 이 업계에서 일하고 싶었던 게 결국 마케팅 쪽으로 풀리게 된 거예요."

"이쪽 일을 해보고 싶다고 결정한 뒤부터는 3~4개월 동안 공고를 뒤졌어요. 그러다가 뮤지컬이랑 영화 홍보 마케팅을 같이 하는 지금의 회사를 찾은 거죠. 아, 괜찮다 싶었어요. 그때 제일 중요했던 건 하고 싶은 것을 하는 거였으니까요."

하고 싶은 것을 하는 거라. 어디서 많이 들어본 이야기구나 싶었다. 아무래도 사람 마음은 서로 비슷한 면이 있는가 보다. 그는 솔직히 남들만큼 준비한 것은 없다고 했다. 막상 일하면서 업계의 사람들을 만나고 보니, 전공을 했거나 아카데미를 다녔거나 그도 아니면 영화를 전공했다가 현장에서 일할 여건이 안 되어 마케팅 쪽으로 방향을 튼 경우가 많았다고 한다. 물론 그도 아카데미를 생각하지 않았던 것은 아니다. 그런데 이미 나이가 찬 상태에서 6개월, 1년을 허비할 순 없었다. 거기에 아카데미 비용도 만만치 않았다. 그래서 그는 면접 때 그냥 진솔하게 속마음을 털어놓았다고 한다. 어차피 회사에서 일하려면 실무를 새로 배울 텐데, 그냥 실전에 뛰어드는 게 비용이나 시간 절감 면에서 더 낫지 않겠냐고. 그런데 그게 통했던 거다. 밝은 표정만큼 배짱도 두둑한 그였다.

세상에 일이 이렇게 많을 수가

업무가 생각했던 것과 같았냐는 질문에, 그는 대뜸 "아뇨 달랐어요"라고 웃으며 말했다. 세상에 일이 이렇게 많을 수가 있나 싶었단다. 사실 입사 전에는 그 역시 영화 마케팅의 의미 자체도 잘 몰랐다. 그런데 막상 일을 시작하고 보니 영화 마케팅이란 게 영화와 관련해 외부에 나가는 하나부터 열까지 모든 콘텐츠를 만드는 것이었다. 그래서 처음엔 정말 이 업무를 이 인원으로 다 소화할 수 있는 걸까 걱정이 앞섰다고 했다.

나 역시 그랬다. 회사 특성상 동시에 진행 중인 여러 프로젝트를 한꺼번에 챙겨야 했기 때문에 정신이 하나도 없었다. 프로젝트 수나 업무 범위가 적응될 쯤엔 나의 역할이 조금 더 늘어나고, 자연히 그 수나 범위도 따라 늘어나 다시 정신이 없어지고. 어떤 날은 하루 동안 해야 할 일의 항목이 노트 한 바닥을 가득 채워, 저녁 시간이 다 되어가도록 반도 처리하지 못한 채 과연 오늘 집엔 들어갈 수 있을까를 고민해야 했고. 더구나 처음엔 일의 강약에 대한 개념조차 없어서 무엇이든 무턱대고 공들이며 붙들고 있는 게 최선인 줄만 알았으니.

"그런데 뭔가 아이디어를 냈는데, 그게 눈 앞에서 실현되니까 재미있더라고요. 그리고 그 작품 수가 점점 늘어나니까 보람도 있고요. 프로젝트가 진행되고 있는 중간에 들어갔기 때문에 다음에 내가 처음부터 하게 될 프로젝트는 뭘까 굉장히 기대하며 일했어요. 무척 신났고 기대심에 부풀어 일했죠."

입사 시절의 설렘을 떠올리며 이야기하는 그의 표정이 보기 좋았다. 고대하던 합격 소식에 얼마나 기뻤었는지, 난생 처음 하는 아이디어 회의가 얼마나 재미있었는지, 나도 덩달아 그 시절을 생각하며 웃었다.

"영화 개봉에 앞서, 외화 같은 경우는 빠르면 6개월 전부터 들어가는 것도 있지만 대부분 2~3개월 전부터 홍보 마케팅을 시작해요. 보통 영화가 만들어진 뒤에 시작하지만, 외화는 경우에 따라 미국에서 같이 개봉하면 만들어지기 전에 스크립트만 보고 그걸로 콘셉트를 잡고 마케팅을 시작하기도 하죠. 그러다 본편이 생각한 것과 달라 황당할 때도 아주 간혹 있어요. 하하."

그의 말에 의하면 홍보 마케팅 과정은 다음과 같다. 우선 영화제작사가 아담스페이스 같은 홍보 마케팅 대행사를 섭외한다. 홍보 마케팅 대행사는 예고편 업체, 포스터나 전단을 제작하는 디자인 업체, 광고 매체를 제안하고 섭외하는 광고 대행사 등을 총괄하며 회의를 진행해 아이디어를 내고, 본격적으로 홍보를 시작한다. 일단 포스터, 예고편, 영화관에 비치할 전단 등을 만든다. 그리고 동시에 각종 광고와 함께 개봉 확정에 따른 홍보를 진행한다. 더불어 기업 또는 매장 등과 연계해 프로모션을 하기도 한다. 다시 말해 일반인들이 알게 되는 영화에 관한 사전 정보 전부가 홍보 마케팅에 포함되는 것이다.

이야기를 듣다 보니 생각한 것 이상으로 업무 범위가 넓었다. 인터뷰에 앞서 홍보 마케팅 회사의 업무는 어디까지일까 궁금했는데, 그냥 흔히 생각할 수 있는 것 전부 다였다. 아담스페이스 규모로 이를 다 소화할 수 있는 건지, 도저히 상상이 안 갔다. 나의 놀란 표정에 물론 업무량이 많긴 하지만 가능하다며 웃는 그. 다만 블록버스터급의 영화는 그 규모에 맞게 큰 영화 홍보사에서 맡아 진행하는 경우가 많다고 했다. 그러나 그의 생각에 블록버스터급

영화를 진행하면 그에 따른 재미가 있을 수는 있겠지만, 큰 영화 홍보사에서 분업화된 업무 중 일부를 담당하다 보면 개인의 역할 비중이 낮은 만큼 성취감이나 만족감은 떨어질 수 있단다.

"큰 영화 홍보사도 있는데, 주로 보도자료 쓰는 사람은 보도자료만, 광고 담당하는 사람은 광고만, 기획서 쓰는 사람은 기획서만 써요. 반대로 저희 같은 경우엔 한 작품을 홍보하기 시작하면 모든 사람이 모든 일을 함께하죠. 만약 저희 회사에서 일하다가 다른 회사에 가면 무슨 부서를 가더라도 다 잘할 수 있을 거예요. 영화 한 편에 대한 전체 홍보 작업을 다 할 수 있으니까요. 정말 학교 같이 다 배우는 거죠. 물론 일이 많아서 힘들 때도 있지만 전체적으로 어떻게 흘러가는지를 알 수 있고, 책임감도 보람도 느껴요. '난 보도자료만 썼어'가 아니라 '내가 다 했어'가 되는 거죠."

더불어 선배들이 많은 회사라면 작품의 총괄을 맡는 데까지 시간이 오래 걸릴 텐데, 그렇지 않다 보니 진급도 빠르고 그만큼 일을 배울 수 있는 기회도 많다고 했다. 또한 프로젝트나 업무, 회사의 중책을 결정할 때 직원들의 의견이 직접 반영되기 때문에 회사를 함께 꾸려간다는 마음으로 일하고 있단다. 개인적으로 가족 같은 분위기는 작은 회사의 큰 강점이라고 생각한다. 회사와 직원이 회사의 성장을 꿈꾸는 마음, 최선을 다하고픈 마음을 공유할 수 있기 때문이다. 그런 면에서 아담스페이스는 좋은 회사 같았다.

"대표님이 직원들에게 의견을 꼭 물어보세요. 심지어 인턴 직원들에게도요. 이런 작품이 들어왔는데, 이거 할까? 어때? 그럼 서로의 의견을 반영해서 작품을 결정해요. 그리고 엔드 크레딧에는 대표님 이름이 들어가는 게 아니라 저희 회사 이름이 들어가요. 원래 대개는 인턴이나 사원 이름은 안 실어 주거든요. 그런데 저희 대표님은 그 작품이 개봉될 당시 우리 회사에 있던 직원들이 다 함께한 거다라고 생각하는 거죠. 다들 열심히 했는데, 자기 이름이 안 들어가면 억울하잖아요. 그래서 회사 이름을 넣는 거예요."

그리고 공연의 경우, 아담's페이스의 성격상 대형 극단의 이미 잘 알려진 공연보다는 창작극을 선택해 홍보하는 것을 선호한다고 했다. 창작극인 만큼 새롭게 기획할 수 있는 영역이 많아 재미있고, 잘 알려져 홍보에 성공할 경우 보람도 더 크기 때문이란다. 그와의 첫인사에서 느꼈던, 김은 대표와의 전화 통화에서 느꼈던 그 밝은 에너지가 일을 향한 열정이었구나 생각했다.

그래도 재미있으니까, 좋아하니까

"사실 주변에서 외계인 취급을 해요. 왜 이러고 사냐고 묻기도 하고. 부모님도 처음엔 이해 못 하셨죠. 연봉이 특별히 높은 것도 아니면서 맨날 야근하고, 불가피하게 인터뷰가 주말에 잡히면 주말에도 현장으로 출근해야 하니까, 왜 굳이 그 일을 하냐, 칼퇴근하는 여느 사무실에 들어가도 연봉은 비슷할 것 같은데 등등. 사실 포기하는 부분이 많긴 해요. 프로젝트 아이디어를 늘 고민해야 하고, 평일에 친구 만날 생각은 아예 못하죠."

그도 때로는 연봉, 야근 같은 문제를 고민한다. 그런데 이 바닥 사람들이 다들 비슷하단다. 그럼에도 일이 재미있으니까 하는 거란다. 그냥 정말 막연하게 좋아한다는 것밖에는 다른 이유가 없다고 했다. 애인을 만날 때 단지 돈이 많아서, 안정적이어서 좋아하는 게 아니듯이.

"다음 작품이 들어오면 어느새 설레기 시작해요. 물론 일을 하는 중간중간에는 힘들어 못 해먹겠다는 생각이 들다가도, 끝날 때쯤 되면 저도 모르게 다음엔 어떤 작품을 하게 될까 기대하고 있죠."

"일단 하고 싶은 일, 자신이 좋아하는 일을 선택하는 것이 중요해요. 약간 눈을 낮출 필요도 있고요. 만약 대기업에 가고 싶다면 작은 기업에서 스펙과 경력을 쌓은 뒤에 경력직으로 들어가는 것도 방법이에요. 우선 업계에서 전문성을 습득한 다음 원하는 길을 찾아가는 거죠. 하지만 무턱대고 큰 회사에 간다고 다 좋은 것은 아니에요. 대기업에 들어가서 1년만에 나오는 친구들도 있으니까요. 곰곰이 고민해 봐야 할 문제죠."

그는 그의 회사가 작다는 생각을 해본 적이 없다고 했다. 규모가 작고 크고를 떠나서 자신이 하고 싶은 일을 할 수 있고, 자유로운 발언권이 있는 이곳에 만족하기 때문이다. 그는 지금, 뭔가 다른 생각을 갖고 있거나 특별한 아이디어가 있다면 언제든 이야기할 수 있고 실현시킬 수도 있다. 큰 회사에 다녔다면 어려운 일이다. 또한 공연이 무대에 올려지기 전부터 모두 그때를 생각하며 일하듯이, 그도 5년 뒤 자신의 모습을 생각하며 일한다고 했다. 그의 직업과 삶이 서로 비슷하게 닮아 있었다.

"아담'스페이스 민지영이라고 하면 영화사나 기자님들이 다 아는 사람이 되고 싶어요. 당장 어떻게 되고 싶다기보다는 5년 뒤, 이 고된 업계에 5년차 직원이 얼마나 남아 있을까를 생각하면서 일하는 거죠. 일종의 희소가치랄까요? 하하."

그는 이 업계에서 실무를 보고 있는 사람들을 보며, 한 회사에 적어도 3~4년은 있어야 업무를 익히고 인정도 받을 수 있다고 느꼈단다. 그래서 앞으로 아담'스페이스에서 오래 머물며 더욱 많은 작품을 홍보하고, 다수의 클라이언트를 만나고 싶다고 했다. 더불어 자신이 맡을 작품들이 다 흥행하게 되어서 회사의 이름도 유명해지고, 당시 실무를 맡았던 담당자로 알려져 자신을 통해 새 작품이 들어오는 날도 꿈꾼다고 했다. 그러려면 10년은 있어야 할 것 같다며 활짝 웃는 그를 마음 다해 응원하고 싶었다. 경험한 분야가 다르기 때문에 그를 다 이해할 수는 없었지만 무엇이 그를 일하게 하고, 즐겁게 하는지 조금은 알 것 같았으니까.

지난 회사에서 일하며 어떤 날은 연이은 회의로 동분서주하며 밥도 못 먹고 뛰어다녀야 했고, 화장실도 못 갈 만큼 정신없이 일하다 저녁이 왔는데 아직도 할 일이 산더미처럼 쌓여 있어 좌절했던 날, 밤새 야근한 뒤 쪽잠을 자고 일어나 다시 일해야 했던 날도 있었다. 그런데 하나하나 다 적어내려 갈 수 없을 만큼 무수히 많았던 그 힘든 나날을 떠올리는 지금의 나는 약간은 울컥하는 마음으로 눈가는 촉촉한데, 나도 모르게 미소 짓고 있다.
왜 일까? 왜 나는 울컥하면서도 마음 따뜻한 기분이 드는 걸까? 아무래도 그 시절 함께 고생했던 동료들이 지금 생각해도 고맙고, 나름 열심히 살아보려 애쓰던 몇 년 전의 내가 조금은 기특하고, 밤새 일하던 내게 다가와 격려의 한마디를 건네던 디자이너와 서로에게 힘이 되어주던 동년배의 포토그래퍼가 떠올라서인 것 같다.
그리고 그들을 통해 나의 머릿속에만 존재했던 생각이 또 다른 생각을 덧입어 더욱 풍성해지고, 손끝에서 글과 사진, 그림이 되어 모아지고, 디자인되고, 마침내 인쇄되어 볼 수 있고 만질 수 있는 진짜가 되어 품 안에 들어왔을 때의 기분은 업무의 부담을 뛰어넘을 만큼 강렬한 무엇이었다. 시간의 압박, 전화 실랑이, 수면 부족, 온몸에 쌓인 피로, 쥐날 듯한 뇌 운동, 의자 모양으로 굳어진 허리, 소화불량 등의 한을 응축시킨 묵직한 감격이라고나 할까? 너무 과장했나?

글의 서두에서 누군가 지금 내게 글 쓰는 일이 재미있느냐고 묻는다면 나는 일단, 큰 소리를 내며 멋쩍게 웃고 이내 '네, 재미있어요'라고 답하겠다 했었다. 아마 똑같은 반응과 대답이었을 것 같다. 누군가 그때 내게 일이 재미있느냐고 물었다면, 나는 일단, 큰 소리를 내며 멋쩍게 웃고 이내 '네, 재미있어요'라고 답하지 않았을까? 궁금하다. 지금 이 글을 읽고 있는 당신은 어떤 대답을 들려줄지. 일의 즐거움에 대해 무엇이라 정의할지.

tip
그 영화의 광고는
어디에서 시작됐나

영화나 공연이 세상에 공개되기 전, 대중들은 광고를 보고 작품을 판단한다. 그리고 생각한다. 볼까? 말까? 광고가 작품의 첫인상인 셈이다. 어떻게 그런 광고가 나오게 됐는지 궁금한 적이 있다면 아담스페이스 민지영의 이야기에 귀 기울여 보기 바란다. 그가 그동안 작업했던 작품을 토대로 영화와 공연의 광고가 만들어지는 첫 단추, 홍보 포인트와 기획의 의도를 말한다.

더 레이븐 개봉: 2012년 7월 5일
감독: 제임스 맥티그
출연: 존 쿠삭, 루크 에반스, 앨리스 이브 외

Point
최초의 추리소설가 에드가 앨런 포, 그의 소설이 살인을 부른다!

Why?
〈검은 고양이〉의 작가 에드가 앨런 포가 죽기 전 겪었던 미스터리한 이야기를 다룬 팩션 스릴러 영화입니다. 그런데 국내에서는 '앨런 포'보다 '코난 도일'이 더 유명하기 때문에, 그보다 시대적으로 앞선 작가라는 것을 강조하기 위해 '최초의 추리소설가'라는 문구를 넣었죠. 그리고 영화의 주요 스토리인 극중 연쇄 살인이 앨런 포의 소설 속 살인 사건을 이용한 모방 범죄이기 때문에, '그의 소설이 살인을 부른다'라는 문구를 추가했습니다."

| 돼지의 왕 | 개봉: 2011년 11월 3일
감독: 연상호
출연(목소리): 양익준, 오정세, 김혜나, 김꽃비 외 |

Point
대한민국 애니메이션 최초 잔혹 스릴러!

Why?
"국내 애니메이션으로는 드물게 잔혹한 스토리를 가지고 있었어요. 가족 타깃이 아닌 19금 판정을 받은 성인 타깃의 애니메이션이었죠. 그래서 스릴러적인 특성과 잔인한 스토리 라인을 최대한 어필할 수 있는 관객과의 접점을 생각하다 보니, '최초 잔혹 스릴러'라는 문구가 나오게 되었습니다."

| 스트릿 라이프 | 기간: 2011년 10월 1일 ~ 2011년 11월 27일
장소: 동숭아트센터 동숭홀
연출: 성재준
음악 감독: 원미솔
안무: 정도영
출연: 이재원, 김태훈, 정원영, 이진규, 강홍석, 라준 외 |

Point
국내 최초 팝 뮤지컬! DJ DOC 쏘울 충만 뮤지컬!
3인조 신인그룹 '스트릿 라이프' 대학로로 접수!

Why?
"DJ DOC의 명곡들로 만들어진 주크박스 뮤지컬이에요. 팝 뮤지컬이라고 명명해서 보다 대중적이고 젊은 느낌으로 접근하려 했습니다. 그리고 DJ DOC의 음악으로 만들어진 뮤지컬인 만큼 그들의 정신이 담겨 있다 하여 추가 문구를 넣었어요. 또한 극의 주인공인 신인그룹 '스트릿 라이프'가 마치 진짜 신인 가수로 데뷔한다는 느낌을 주고 싶었고, 공연장이 위치한 대학로를 떠들썩하게 만들어 주길 바라는 마음을 담아 마지막 문구를 만들었습니다. 실제로 공연이 진행될 당시 대학로에서 저희 작품 〈스트릿 라이프〉처럼 역동적이고 핫한 뮤지컬은 없었다는 후문이 있죠. 하하."

이기동 체육관

기간: 2010년 12월 31일 ~ 2011년 2월 26일
장소: 동국대학교 이해랑예술극장
연출: 손효원
출연: 김수로, 김정호, 차명욱, 강지원, 솔비 외

Point
땀이 주는 에너지로 희망을 말하다!
강한 스포츠 권투 소재로 전하는 꿈과 희망의 메시지

Why?
"왕년에 챔피언이었던 '이기동 선수'가 운영하는 체육관에 '청년 이기동'이 새롭게 찾아오면서 펼쳐지는 스토리예요. 세상살이에 찌들어 잊고 지내던 꿈을 다시 생각하게 하는 희망적인 내용이죠. 그래서 이런 감동적인 요소를 포인트로 잡아 스토리와 함께 광고 키워드에 고스란히 녹여냈어요."

허탕

기간: 2012년 6월 15일 ~ 2012년 9월 2일
장소: 동숭아트센터 소극장
연출: 장진
출연: 김원해, 이철민, 김대령, 이세은, 송유현, 이진오

Point
지상 최대 럭셔리 '7성급 감옥'
여유만만 고참죄수, 의심작렬 신참죄수!
그들의 감옥에 미스터리 여죄수가 들어왔다!

Why?
"소극장 무대라는 고정관념을 깨고 원형 무대에 영상을 가미했어요. 그리고 작품의 배경이 되는 감옥은 마치 최고급 호텔을 방불케 하는, 원하는 것은 무엇이든 이루어지는 판타지 같은 공간이에요. 그래서 '7성급 감옥'이라 명명했죠. 장진 특유의 깨알 같은 대사들이 많고, 사회 풍자적 요소들이 곳곳에 숨어 있기 때문에 '장진의 코믹풍자 수다극'이라는 태그 라인을 넣었고요."

"사실 주변에서 외계인 취급을 해요. 연봉이 특별히 높은 것도 아니면서, 맨날 야근하고, 불가피하게 인터뷰가 주말에 잡히면 주말에도 현장으로 출근해야 하니까. 그런데 그래도 이 일이 좋아요. 정말 막연하게 좋아한다는 것밖에는 다른 이유가 없어요. 애인을 만날 때 단지 돈이 많아서, 안정적이어서 좋아하는 건 아니잖아요. 그런 거죠. 다음 작품이 들어오면 어느새 설레기 시작해요. 물론 일을 하는 중간중간에는 힘들어 못 해먹겠다는 생각이 들다가도, 끝날 때쯤 되면 저도 모르게 다음엔 어떤 작품을 하게 될까 기대하고 있죠."

epilogue
귀 기울이며,
오늘도 차곡차곡 젊음을 건너

초저녁, 창밖으로 생활자의 소리가 들린다. 건너집 아주머니 전화 받는 소리, 제 시간이 되면 집 앞 좁은 골목에서 줄넘기 하는 소리, 꼬마 공 차는 소리. 출근도 퇴근도 하지 않는 나는 이제 이 소리가 익숙하다.
지난 봄, 본격적으로 프리랜서를 시작하기 전까지 나는 이 소리들을 듣지 못했다. 바쁜 회사 생활로 집에 오랫동안 붙어 있던 날이 없었기 때문이다. 막상 회사를 관뒀을 때는 하루를 어떻게 보내야 할지 몰라 우왕좌왕 하기도 했고, 퇴직금을 탈탈 털어 떠나기로 한 여행 준비 때문에 이 소리들에 귀 기울일 마음의 여유가 없기도 했다.

여행지는 파리와 베를린이었다. 많은 곳을 다니는 여행을 좋아하지 않는 나는 그저 낯선 곳에서 잠시 새로운 일상을 만나고 싶었다. 한 달은 파리, 두 주는 베를린. 이국 대도시의 생경한 느낌 속에 겨울을 맞았고, 찬 공기가 조금 외롭게 느껴졌다.
떠나는 날의 흥분과는 달리 돌아올 때는 마음이 조금 복잡했다. 아직 회사라는 곳에 몸담기는 싫었지만 먹고 살 길이 필요했기 때문이다. 하지만 아무것도 하지 않을 수 있는 시간. 이 시간이 언제 또다시 돌아올지 모른다는 생각이 들었다. 그래서 당장 즐거울 수 있는 일을 해보자고 결심했다.

돌아오자마자 한 일은 친구들을 집으로 불러 여행 이야기를 들려주는 일이었다. 친구 앞에서 잘 하지도 못하는 우쿨렐레를 연주하기도 했는데 다행히 모두 즐거워해 주었다. 주변인과 만든 밴드에 보컬로 참여한 일은 큰 용기가 필요했다. 난생 처음 사람들 앞에서 공연한 날, 나는 처음으로 저음인 내 목소리가 좋아졌다. 돈이 필요할 때는 아르바이트를 했다. 어느 날은 행사 배너를 붙였고, 어느 날은 조명기사가 되었으며 또 어떤 날은 기획자 본연의 임무로 돌아갔다. 그렇게 내 시간을 마음대로 쓰고 다양한 일을 경험하기 시작하면서 이런 생각이 들었다.
"할 수 있는 일을 하며 이렇게 여유있게, 즐겁게 살자."

그러나 솔직히 본격 프리랜서 생활을 시작하고 이렇게 헐렁하게 사는 게 맞는 건가 싶은 때, 이 책을 썼다. 그들의 모습은 때로 나에게 조금 더 열정적으로 살라고 채찍질하기도 했고, 흘러가는 대로 살아도 된다고 토닥이기도 했다. 그들을 통해 나를 만나는 일이 때론 즐겁기도 했고 때로는 힘들었다. 하지만 결국 나는 좀 더 단단해졌다고 생각한다. 그리고 내 나름의 결론도 냈다. 꼭 바쁘게, 무언가를 이루려 사는 것만이 열정은 아니라고 말이다. 덕분에 나는 지금 혼자 집에서 일하며 일상의 소리에, 내가 반응하는 소리에 열심히 귀 기울이고 있다.

간단히 저녁을 먹고 산책을 나선다. 좋아하는 노래를 들으며 한강을 향해 걷는다. 동네 친구를 불러 맥주나 한 캔 마시고 싶었는데, 이미 다른 곳에서 술자리가 한창이란다. 할 수 없지.
자켓을 입고 있는데도 강바람에 몸이 서늘하다. 이렇게 서늘한 걸 보니 이제 곧 서른이 되려나보다. 서른이 되는 일은 조금 안타깝지만 젊음을 차곡차곡 건너 나를 찾아가는 길에 문득 가슴이 뛴다. 앞으로 나의 하루하루는 또 어떻게, 어디로 흘러갈지 모르지만 말이다.

설레는 스물아홉,
전민진

602번 버스의
왼쪽 뒷바퀴 자리에서

602번 버스의 왼쪽 뒷바퀴 자리. 여기 앉으면 한강을 마주하기 직전, 나뭇가지들이 차창을 스칠 만큼 가까이서 애틋한 속도로 나무들을 느낄 수 있다. 나는 나무가 좋다. 그리고 언제부턴가 나무 바라보기를 즐기게 되었다. 나무들을 가만히 바라보노라면 저마다 모양이 조금씩 다른데, 내겐 그 사실이 유난히 경이롭고 흥미롭다.

나무를 바라볼 때는 전체적인 조화와 함께 나무의 기둥과 가지 모양에 집중한다. 어떤 나무는 기둥이 굵고, 어떤 나무는 기둥이 가늘다. 하늘을 배경 삼아 곧게 뻗은 것이 있는가 하면 굽은 것도 짧은 것도 있고, 또 표면이 거친 것도 있지만 어떤 것은 매끈하고, 심지어 하얀 것도 있다.
가지의 경우엔 기둥보다 더 흥미롭다. 기둥에서 처음 가지가, 그 다음 가지가 어떻게 자랐느냐에 따라 나무의 모양은 완전히 달라진다. 바깥 쪽으로 풍성하게 뻗어나간 것이 있는가 하면, 우아한 불규칙 곡선을 그리며 자라난 것도 있고, 빽빽하게 자란 가지들이 멀리서 보면 원처럼 보이는 나무도 있다. 또 하늘이 아닌 물을 향해 아래로 자라나는 가지도 있다.

사람도, 사람이 살면서 소중히 여기는 가치도 이와 같지 않을까? 그리고 그

가치들이 저마다의 사연을 품고 다양한 모습으로 자라고 있기에 세상은 돌아가고, 삶은 의미 있는 것 아닐까? 다양한 나무들이 각자의 자리에서 계절에 따라 변화하며 무리 지어 또는 홀로 주변을 아름답게 하는 것처럼 말이다.

원고 작성을 거의 마무리하고 포토그래퍼 박진주와 촬영을 다니던 어느 날, 그가 내게 이런 질문을 했다. 그동안 작은 회사에 다니는 사람들을 만나고 글을 쓰면서 내린 결론이 뭐냐고. 그때 무어라 대답했지만 질문이 마음에 남아 내내 생각해 봤는데, 결국 이런 결론에 닿았다.

'그들이 작은 회사에 다니는 이유는 한마디로 정의할 수 없이 아주 다양했다. 그런데 그래서 재미있었고 의미 있었다. 나의 가치나 생각과 다른 이야기도 많았지만, 충분히 공감할 수 있었고 최대한 이해하고 싶었다. 그들은 오늘도 작은 회사에 다니고 있다. 그래서 혹은 그럼에도 불구하고, 그들 나름의 소중한 가치를 따라서.'

초록빛 나뭇가지들이 차창을 스치고 지나간다. 맑은 공기를 눈으로 마시는 기분이다. 책을 쓰며 만났던 사람들과 책을 쓰는 시간도 이렇게 나를 스치고 지나갔다. 신선하고 재미있었으며, 때로는 가슴 한 구석이 아리기도 했다. 그리고 그 사이 난 몇몇 경험들을 통해 NGO를 향한 마음을 내려놓았고, 내가 할 수 있는 일, 즐거워하는 일, 해야 할 일에 대해 다시 한번 진지하게 고민하는 시간을 가졌다. 결코 쉽지 않았지만 내게 꼭 필요했던 시간. 그 시간을 함께 견뎌준 소중한 이들에게 감사의 마음을 전하고 싶다.

스치는 나뭇가지들 틈새로 한강이 스며들더니, 막이 오르듯 정면으로 눈앞에 펼쳐진다. 탁 트인 풍경에 가슴이 설렌다. 그래, 다시 시작이다.

새로운 시작 앞에 선 서른,
김정래

**스물아홉,
서른의
끝나지 않는
수다**

우리는 카페에 앉아 있다.
13인을 만나고 난 어느 한가로운 오후다.

민진: 우리 둘이 책을 낼 줄 누가 알았겠어. 우리 맨날 밤새는 와중에도 이런 책 만들면 좋겠다 하면서 막 웃던 거 생각나?

정래: 그러게 말이야. 근데 사실 원고를 보고 있는 지금도 이게 정말 책이 돼서 세상에 나오는 건가 싶어. 좋고 설레기도 하지만, 걱정도 되고 그러네.

민진: 근데 사람들 만나면서 어땠어? 솔직히 나는 좀 주눅이 들기도 했다? 모두 일하는 데 굉장히 열심히더라고! 왜 나는 그렇지 못할까 하는 생각을 많이 했어.

정래: 나도 그런 생각했어. 그리고 어떤 사람에겐 다른 가치를 위해서 기꺼이 감수할 수 있는 그 부분이 왜 나에게는 큰 어려움이 되어 결국 일을 내려 놓게 만든 걸까 싶기도 했고. 내 의지가 부족한 걸까? 물론 누군가는 그렇다고 하겠지만, 그보다 난 '나는 그와는 다르니까'라고 생각하고 싶어. 결국 사람마다 참을 수 있는 것도, 참을 수 있는 폭도 다른 거니까. 합리화인가?

민진: 누군가는 합리화라 할 수도 있는 부분이지만 나는 합리화라고 생각하지 않아. 분명 다 다른 게 맞지. 그러니까 자기의 모습과 가장 닮은 회사를 찾으려 애쓰기도 하고 참다 못해 만들기도 하고 그러는 거 아니겠어? 그러다 보면 세상에 다양한 형태의 직장, 삶이 생기고 결국 그게 모여 재밌어지는 거지.

정래: 그런가? 왠지 위안이 되네. 아주 꼭 들어맞을 수는 없겠지만, 그래도 기왕이면 내 자리로 느껴지는 곳에서 나답게

일하며 살고 싶어. 그런데 솔직히 사람들을 만나고 글을 쓰면서, 진짜 나다운 게 뭘까라는 생각을 부쩍 하게 됐어. 오랜만에 스스로를 들여다 보고 생각을 정리하는 계기가 된 것 같아. 그런데 막상 나를 마주 대하니 옛날의 나와 많이 달라졌더라고.

민진: 어떻게 달라졌는데?

정래: 흐음…… 옛날이라고 하니 좀 웃기긴 하지만. 예전에 나는 꿈이 무지 중요하다고 생각했어. 웃기지만 이왕 세상에 태어난 거 뭔가 큰 걸 이루고 싶었거든. 그런데 생각이 많이 달라졌어. 할 수 있는 만큼, 내 그릇에 맞게, 주위 사람들을 돌아보며 살고 싶어졌다 할까? 살다보니 가치관도 변하더라. 분수도 알게 되고. 처음엔 이걸 인정하고 싶지 않았는데. 뭐, 솔직히 지금도 모르겠어. 이게 맞는 건지.

민진: 어렵다. 근데 난 지금 변화했다는 그 가치가 좋게 들리는데? 뭔가를 이루는 게 인생에 필요한 것 같긴 해. 근데 그게 꼭 커야 할 필요는 없다고 생각해 왔던 것 같아 난. 내 주변 사람들을 돌아볼 줄 알고 일상적으로 이룰 것을 이루고. 그게 결국 큰 걸 이루는 게 아닐까? 난 오히려 지금 그 일상적인 일을 어떻게 더 즐겁게, 덜 힘들게 할 수 있을까 생각하는 바람에 머리가 아픈 것 같기도 해.

정래: 다들 이런 고민하겠지?

민진: 아마 이런 고민 하는 사람 손! 해서 같이 얘기 나누자고 하면 엄청난 규모일 걸. 근데 얘기하다 보면 다들 미궁으로 빠질 듯. 그러다 결론 내겠지. "어쨌든 행복하게 살고 싶다!" 그러니까 결국 스스로 행복한 가치를 좇아갈 수

있다면 사회적으로 인정받는 가치고 뭐고 중요하지 않은 건데 이상하게 그게 신경이 쓰인단 말야. 씁쓸해.

정래: 인정이라. 다들 그런 욕구가 있긴 하잖아, 크든 작든. 결국 인정이라는 게 어떻게 보면 공감이고, 영향력을 끼칠 수 있는 힘이니까. 누군가에겐 업무의 원동력이 될 수도 있고. 사람은 다양하고, 각자의 가치도 다양하고 그런 것 같아. 다만 각자에게 그 가치가 분명한 것이자 스스로를 행복하게 하는 것, 더불어 주변을 행복하게 만드는 것이면 좋겠어.

민진: 나도. 히히. 근데 난 왠지 더 복잡해진 기분이다? 그래도 같은 고민을 하고 있는 사람들을 만나서 무척 좋았어. 이렇게 치열하게 고민하고 나면 또 조금 자라겠지? 지금은 스물아홉 어린이. 내년엔 서른 청소년이라도 되면 좋겠네.

정래: 스물아홉이나 서른이나 비슷해. 헤헤. 서른 둘쯤이면 달라지려나? 근데 책 쓰고 나니 어때? 솔직히 난 살짝 두려워. 생각은 머물러 있는 게 아니니까. 지금 내 생각이 또 어디로 흐를지 모르잖아.

민진: 뭐 걱정이 되긴 하지만. 그냥 지금 이 시간의 기록이라 생각하자. 나중에 펼쳐 보면 내가 이때는 이런 생각을 하고 있었구나 하는. 과정이지 뭐.

정래: 옳다구나! 맞아. 그냥 우리 얘기에 사람들이 공감하고 웃어주면 좋겠다.

민진: 응. 좀 즐겁기도 하고 가끔 웃기도 했으면 좋겠어. 히히.

정래: 어쨌든 우리 행복하게 살자~ 그게 답이지 뭐~

민진: 그것 봐~ 결론은 똑같다니까!

도서출판 남해의봄날 비전북스 02

우리 인생의 모범답안은 정해져 있지 않습니다. 대다수가 선택하고, 원하는 길이라 해서 그곳이 내 삶의 동일한 목적지는 될 수 없습니다. 진정한 자유를 위해 용기 있는 삶을 선택한 청년들의 가슴 뛰는 이야기에 독자 여러분을 초대합니다.

그래서 혹은 그럼에도 불구하고
나는 작은 회사에 다닌다

초판 1쇄 발행 2012년 10월 15일
초판 6쇄 발행 2018년 6월 10일

지은이   김정래, 전민진
고마운 분들 인터뷰에 응해주신 13명의 인터뷰이

편집인   정은영, 장혜원, 객원편집 전민진
마케팅   이나래, 천혜란
사진   키메라스튜디오 박진주
디자인   로컬앤드 www.thelocaland.com

종이와 인쇄 미래상상

펴낸이   정은영
펴낸곳   남해의봄날
         경상남도 통영시 봉수1길 12
         전화 055-646-0512 팩스 055-646-0513
         이메일 books@namhaebomnal.com
         페이스북 /namhaebomnal 인스타그램 @namhaebomnal
         블로그 blog.naver.com/namhaebomnal

ISBN 978-89-969222-1-6 03320
©2012 남해의 봄날 Printed in Korea

남해의봄날에서 펴낸 책을 구입해 주시고, 읽어 주신 독자 여러분께 감사의 마음을 전합니다.
이 책은 저작권법에 따라 보호받는 저작물이므로 무단 전재와 무단 복제를 금하며,
이 책 내용의 전부 또는 일부를 이용하려면 반드시 저작권자와 남해의봄날 서면 동의를 받아야 합니다.
파본이나 잘못 만들어진 책은 구입하신 곳에서 교환해 드리며 책을 읽은 후 소감이나 의견을 보내주시면
소중히 받고, 새기겠습니다. 고맙습니다.

PHOTOGRAPHER **PARK JIN JOO**
M T 02 3445 9968 F 02 3445 9957 E HELLOPEARL@NATE.COM
B1 B2 BUKWANG BLDG. 60-13 NONHYEON-DONG GANGNAM-GU SEOUL 135-010 KOREA

CHIMERA STUDIO

김욱
실장 / 책임디자이너

KIM, UK
DIRECTOR / GRAPHIC DESIGNER

ADDRESS
땡스북스 컴퍼니 - 서울시 마포구 서교동 367-13 더 갤러리 1F 우 121-838
THANKSBOOKS- THE GALLERY 1F, 367-13 SEOGYO-DONG, MAPO-GU, SEOUL KOREA

MOBILE PHONE
...@THANKSBOOKS.COM

TELEPHONE
02-325-0321 / 070-8824-5321

WEBSITE
WWW.THANKSBOOKS.COM

heydey

최준연　**JUNYEON CHOI**
디자인사업부　design group
팀장　project manager

zunion@studioheydey.com

㈜ 헤이데이
서울시 마포구 상수동 324-12 6층(1201호(2층)
tel 02.325.7193 fax 02.334.9517
www.studioheydey.com

아담
서울-
M
E-m

전화_02-6111-7383, 팩스_02-6111-7389
구 가산동 60-17번지 벽산스타타워1차 604호

monster6@gentlemonster.co.kr

Kim Sul Hwa 김설화
Artist Manager 아티스트 팀장
Mobile
e-Mail gsss344@gmail.com
Tel 070-8862-7686
Fax 02-333-7686
Website www.didramc.com
서울시 마포구 서교동 367-15 201호

aamc
다라다

기획 / 갤러리 / 과장
박현정
서울F&B
㈜서울F&B
225-574 강원도
초리리 652
Tel. 02-

...서희
...외부협력팀장

하자

email seoheenolja@gmail.com
twitter @KOSEOHEE
phone 070.4268.5177

02.2679.9300
서울특별시 영등포구 영신로 200 하자센터 본관 302호

yorijn salon. net

민지영 Min. Ji Young

2 마젤란21오피스텔 1401호
23-0239 F 02-6012-9554
.com

영업본부 / 대리
사장빈(史長斌)

ISO 9001 2008
ISO 14001 2004

DONGWOON

(주)동운아나텍

137-868 서울시 서초구 서초동 1467-80
아리랑타워 9층
Dir : 3465-8784 Tel : 02-3465-8765
Fax : 02-3465-8766
Mobile :
E-mail : saib20@dwanatech.com

www.dwanatech.com

somo

엄지현 chief director
UM JI HYUN

mobile
add 서울시 마포구 동교동 197-14 1층   phone 070.8272.1981 fax 02.6442.1980
email jihyun.um@gmail.com

somo

임보연 chief editor
LIM BO YEON

mobile
add 서울시 마포구 동교동 197-14 1층   phone 070.8272.1981 fax 02.6442.198
email dreamingeditor@gmail.com

Pen Generations

(주) 펜제너레이션스

463-400 경기도 성남시 분당구 삼평동 673
판교 테크노밸리 쓸리드 스페이스 8층

O : 031.600.0822
M :
F : 031.600.0801
E-mail : hkmoon@pengenerations.com

현 걸

원 / 연구소

김정헌 Jeongheon, Kim
전략기획 실장

jeongheonkim@delight.co.kr

(150-809) 서울시 영등포구 당산동 6가 298 건강보험공단 3층
Tel. 02-2679-8888 Fax. 050-5504-2326